PROJEKTREIHE
KINDERGARTEN

WALE UND DELFINE

Anja Mohr · Rebecca Meyer

Kaufmann Verlag

Bibliografische Information der Deutschen Bibliothek
Die Deutsche Bibliothek verzeichnet diese Publikation in der Deutschen Nationalbibliografie; detaillierte bibliografische Daten sind im Internet über http://dnb.ddb.de abrufbar.

1. Auflage 2022

Texte: Anja Mohr
Illustrationen: Rebecca Meyer
Fotos von Anja Mohr
Mit Ausnahme von: Cover © slowmotiongli – Adobe Stock, Fond Aufmacherseiten © rangizzz – Adobe Stock, S. 7 © gudkovandrey – Adobe Stock, S. 21 © Chris– Adobe Stock, S. 33 © Aggi Schmid– Adobe Stock, S. 44 © natasnow – Adobe Stock, S. 61 © Chris – Adobe Stock

Druck und Bindung: ADverts Printing House

ISBN 978-3-7806-5169-3

Inhalt

3 RIESIGE RÄUBER – ZAHNWALE

4 WALFAMILIE: DELFINE

5 DIE WALE SCHÜTZEN

KOPIERVORLAGEN

Liebe Erzieher*innen,

was ist so groß wie ein Hochhaus und platscht mit einem Gewicht von 200 Tonnen ins Meer? – Wale gehören zu den größten Säugetieren der Welt. Der Blauwal steht mit circa 30 Metern Länge und einem Gewicht von bis zu 200 Tonnen sogar an der Spitze dieser Liste. Circa 90 Walarten bevölkern die Weltmeere und faszinieren kleine und große Menschen schon seit Hunderten von Jahren. Ein Projekt zum Thema „Giganten der Meere" braucht daher keinen speziellen Aufhänger, der erst Motivation oder Interesse schaffen muss. Das Thema „Wale" kann bestehende Projekte wie „Meer", „Tiere" oder „Unsere Welt" ergänzen, denn auch in den Kindermedien werden die Kinder immer wieder auf die Riesentiere in den Ozeanen stoßen.

In diesem Heft können Sie mit den Kindern die Welt der Wale in ihrer Vielfältigkeit entdecken. Lernen Sie gemeinsam mehr über die Walfamilien und deren besondere Vertreter, z. B. den Pottwal, der 2.000 Meter tief tauchen und mindestens eine Stunde unter Wasser bleiben kann, den Grönlandwal, der bis zu 200 Jahre alt wird oder den überraschenden Verwandten und für Kinder nicht erst seit „Flipper" besten Freund, den Delfin, dem sogar ein gesamtes Kapitel gewidmet ist.
Auch das wichtige Thema „Schutz der Wale" kommt natürlich in diesem Projekt nicht zu kurz. Die Verschmutzung der Weltmeere kann bei der Beschäftigung mit den riesigen Säugetieren ebenso wenig außer Acht gelassen werden wie der Klimawandel.

Neben zahlreichen Kreativaktionen, Geschichten und Spielen wird das Heft noch mit vielen Kopiervorlagen ergänzt.

Das Motto unserer „Projektreihe Kindergarten"
Alle Ideen sollen Sie bei der Arbeit kompetent und zielführend unterstützen.
Darum sind sie:

- schnell einsatzbereit und leicht umsetzbar,
- in der Praxis mehrfach erprobt und für gut befunden,
- differenziert auf den Erfahrungs- und Wissenshorizont von Kindern im Alter von drei bis sechs Jahren ausgerichtet,
- klar strukturiert und im Buch schnell zu finden.

Ich wünsche Ihnen und Ihren Kindern sehr viel Spaß bei der Umsetzung des Projekts „Giganten der Meere".

ANJA MOHR

1

Komm, wir entdecken die Wale!

Es gibt etwa 90 verschiedene Walarten, die in unseren Weltmeeren leben. Diese werden in Bartenwale und Zahnwale unterteilt. Obwohl sie sich nur im Wasser aufhalten, sind sie keine Fische, sondern zählen zu den Säugetieren, die wie wir Menschen Luft zum Atmen brauchen.

1 Was weißt du schon über Wale?

SACHGESPRÄCH

ALTER ab 3 Jahren

ZIELE Wissen über Wale, Sprache, Neugierde wecken

MATERIAL Bild eines Blauwals, Pottwals, Schwertwals, Delfins, Bild einer Weltkugel, Kamm, Buntstifte, DIN-A2-Plakat, Kleber, Schere

Wissen die Kinder schon, was ein Wal ist? Als Einstieg können sie bei einem ersten Gespräch ihr eigenes Wissen mit den anderen teilen und im wahrsten Sinne des Wortes in die Welt der Wale „eintauchen".

Können die Kinder im Internet mit etwas Hilfe Bilder von einem Blauwal, Pottwal, Delfin und Schwertwal heraussuchen? Außerdem brauchen Sie auch ein Bild von einer Weltkugel. Alle Bilder können die Kinder möglichst bunt ausdrucken.

Betrachten Sie nun gemeinsam die auf dem Boden ausgelegten Fotos. Neu hinzukommende Kinder können Sie mit folgender Rätselfrage auf das Thema einstimmen:

„Ich lebe im Wasser, bin aber kein Fisch."

Legen Sie das DIN-A2-Plakat längs auf den Boden und ziehen Sie senkrecht eine gerade Linie über das ganze Plakat. Kleben Sie nun in die erste Spalte den Blauwal und in die zweite den Schwert- und den Pottwal.
Dieses Plakat wird jetzt anschaulich gefüllt. Lesen Sie einfach die hier farbig gedruckten Informationen vor, die Kinder können dazu malen, kleben und die Bilder betrachten.

- Wale leben im Meer überall auf der ganzen Welt.
  Zeigen Sie die Weltkugel und die Kinder machen Kreuze in die verschiedenen Wasserflächen. Kleben Sie die Weltkugel über die beiden Bilder.
- Wale sind keine Fische, sie brauchen Luft zum Atmen wie wir Menschen. Sie atmen die Luft ein und blasen sie mit Wasserteilchen aus ihrem Blasloch oberhalb des Kopfes wieder aus.
  Ein Fisch wird unter die beiden Bilder auf das Plakat gemalt und durchgestrichen. Es kann noch ein Mensch danebengemalt werden.
- Es gibt verschiedene Wale. Der größte Wal ist der Blauwal, der schon auf dem Plakat aufgeklebt ist. Er ist so groß wie drei Autobusse hintereinander.
  Unter den Blauwal die drei Busse malen.
- Die Wale unterscheiden sich durch ihre Nahrung. Der Blauwal hat Barten und ernährt sich von Plankton und kleinen Tieren, auch Krill (Krebse) genannt.
  Jetzt erfahren die Kinder, warum diese beiden Wale in verschiedene Spalten geklebt sind. Sie können kurz auf die Barten eingehen, indem Sie einen Kamm zeigen.

Wale

Wale sind keine Fische, sondern Säugetiere, die sich perfekt an ein Leben im Wasser angepasst haben. Sie werden in zwei Gruppen eingeteilt:
Zum einen in **Bartenwale**, die mithilfe der Barten Plankton aus dem Wasser filtern. Bei Barten handelt es sich um Hornplatten, vergleichbar mit unseren Fingernägeln, die im Oberkiefer anstelle der Zähne sitzen. Zu dieser Gruppe gehört u. a. der Blauwal.
Die zweite Gruppe sind die **Zahnwale**, die über Zähne verfügen und u. a. Fische fressen. Zu den bekanntesten Vertretern gehören der Schwertwal (auch Orca oder Killerwal genannt) sowie der Pottwal und der Delfin.
Alle Wale haben einen torpedoförmigen Körper, an dessen Ende eine halbmondförmige Schwanzflosse sitzt. Mit dieser bewegt sich das Tier vorwärts. Der Wal hat zwei Vorderflossen, auf seinem Rücken befindet sich eine weitere Flosse.
Als Wärmeschutz und auch zum Auftrieb besitzt der Wal ein Unterfettgewebe, das bis zu 50 cm dick sein kann. Wale haben Lungen und atmen Sauerstoff. Sie können allerdings sehr lange unter Wasser bleiben – der Pottwal sogar bis zu zwei Stunden. Das Herz eines Wales kann so groß wie ein Kleinwagen sein und eine Tonne wiegen.
Wale können problemlos das salzige Meerwasser trinken und scheiden das Salz über ihre Nieren wieder aus. Die Wale kommunizieren untereinander, indem sie „singen". Der Walgesang besteht aus Tönen in unterschiedlichen Frequenzen, die unter Wasser sehr weit zu hören sind.
Im Blutkreislauf eines Wales befinden sich bis zu 7.000 Liter Blut, das entspricht der Menge des Blutes von 1.400 Menschen.
Der Blauwal ist die größte Walart und das größte Tier der Welt. Er kann über 30 Meter lang werden und ein Gewicht von 200 Tonnen erreichen.

- Der Wal nimmt einen großen Schluck Wasser. Er schließt sein Maul so weit, dass es nur durch die Barten verschlossen ist. Dann drückt er das Wasser wieder aus dem Maul und die kleinen Tiere bleiben zurück. Der Schwertwal und der Pottwal haben Zähne und ernähren sich von Fischen oder auch Tintenfischen.
  Einen kleinen Krebs unter den Blauwal malen und unter den Schwertwal einen Fisch. Auch die beiden Mundhöhlen können Sie bildlich darstellen, zwei geöffnete waagerechte Dreiecke (Vergleichszeichen größer als) malen. Beim Blauwal, vorne ein paar Striche am Oberkiefer als Barten und beim Zahnwal Zähne am Ober- und Unterkiefer malen.
- Auch die Anzahl der Blaslöcher unterscheidet sich, der Bartenwale hat zwei und die Zahnwale eins.
  Dies auch auf dem Plakat bildlich darstellen.

- Wale „sprechen“ miteinander, dazu benutzen sie Pfeif-, Quietsch und Klicklaute, man nennt dies auch Walgesang. Er ist unter Wasser mehrere Kilometer weit zu hören.
  Auf verschiedenen Internetportalen ist es möglich, den Walgesang anzuhören.
- Die Flosse bei Walen ist nicht wie bei den Fischen. Sie ist quer und bewegt sich von oben nach unten. Bei den Fischen von rechts nach links.
  Spielen Sie das nach, indem die Kinder beide Hände zusammenführen und vor dem Körper von rechts nach links bewegen. Dann die Hände waagerecht halten und von oben nach unten bewegen – so bewegen Wale sich fort.
- Der Delfin ist auch ein Wal und gehört zu der Gruppe der Zahnwale.
  Holen Sie das Bild des Delfins und zeigen es den Kindern. Kleben Sie ihn zu den Zahnwalen.

Hängen Sie das Plakat nun an einen für alle Kinder gut sichtbaren Platz.

TIPP Gibt es Wale in der Kita? Die Kinder können auf die Suche gehen und wenn möglich Spielfiguren von Walen zusammensuchen, miteinander vergleichen und herausfinden, dass die Wale ganz unterschiedlich aussehen und auch unterschiedliche Flossen haben …

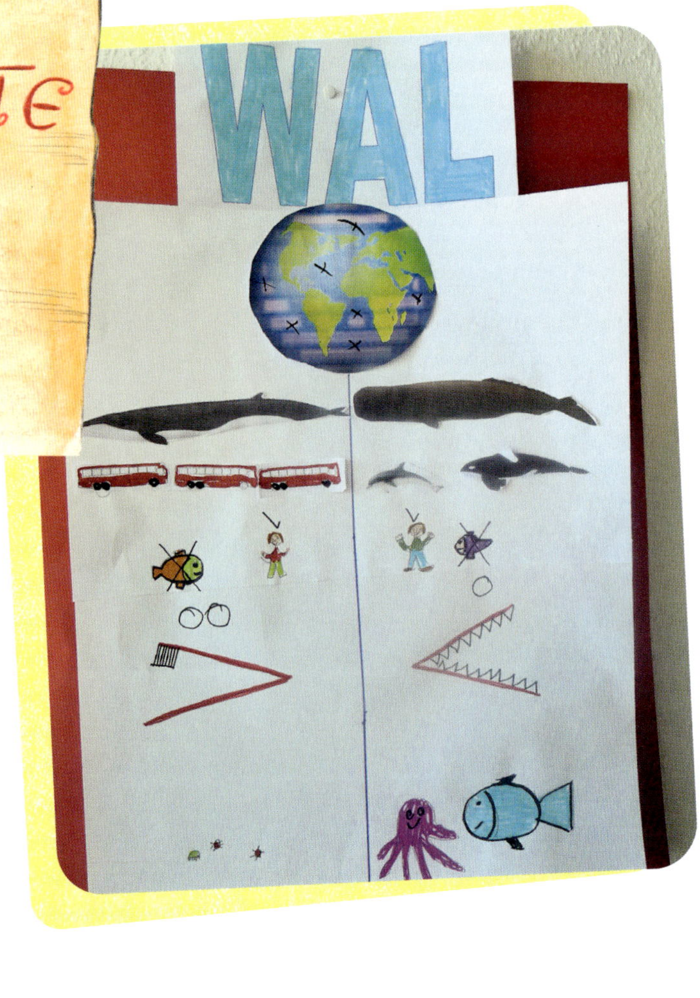

2 Finne, Fluke und Flipper

SACHGESPRÄCH MIT KREATIVAKTION

ALTER ab 4 Jahren
ZIELE Sachwissen, Feinmotorik
MATERIAL Bilder von Walen, DIN-A4-Malblätter, Stifte

Alle Walarten besitzen verschiedene Flossen an ihrem Körper. Diese haben besondere Namen und jede ist für etwas anderes zuständig.

Kommen Sie mit den Kindern an einem Tisch zusammen und breiten die Bilder der Wale darauf aus. Fragen Sie die Kinder, ob die Wale Flossen haben. Die Kinder werden die Flossen anhand der Bilder zeigen können. Gehen Sie zuerst auf die Schwanzflosse ein. Diese ist bei Walen waagerecht und nicht wie bei Fischen senkrecht. Diese große waagrechte Schwanzflosse nennt man *Fluke*. Der Wal kann sich vorwärtsbewegen, wenn er sie auf- und niederbewegt.
Die Wale haben Brustflossen, diese heißen *Flipper*. Die Flipper sind zum Steuern da, damit der Wal nach rechts und links schwimmen kann. Lassen Sie die Kinder die Flipper auf den Bildern zeigen.
Die Wale haben auch eine Rückenflosse, die *Finne*. Diese dient als Stabilisator und verhindert das Hin-und-Herschwanken beim Schwimmen. Sie ist für das Gleichgewicht zuständig.
Die Kinder können nach der Finne auf den Bildern suchen, dabei erkennen sie, dass sie bei manchen Walen sehr klein aussieht. Beim Schwertwal hingegen ist sie sehr groß.
Die Kinder malen frei einen Wal. Dieser hat eine Finne, eine Fluke und die Flipper. Nach dem Malen stellen die Kinder ihren Wal vor. Sie sollen bewusst zeigen, wo ihr Wal seine Fluke, seine Finne und die Flipper hat. Durch dieses mehrmalige Wiederholen prägen sich die Namen der unterschiedlichen Flossen gut ein.

3 Der schwimmende Wal

KREATIVAKTION

ALTER ab 4 Jahren

ZIELE Feinmotorik, Spielfreude

MATERIAL dunkelblauer und hellblauer Tonkarton, Kopiervorlage eines Wals (je nach Wunsch der Kinder), Schnur, zwei Holzperlen, schwarzer Stift, Kleber oder Klebefilm, Schere, Tonpapierreste in Grün

Mit dieser Kreativaktion können die Kinder einen Wal durch das Wasser gleiten lassen.

Für das Wasser können die Kinder Tonkartonbogen in der Meerfarbe ihrer Wahl zuschneiden – in diesem Beispiel wählten wir dunkelblauen Tonkarton und schnitten ihn etwa auf die Größe 50 × 25 cm zu. Rechts und links in der Mitte des Kartons, jeweils 3 cm vom Rand entfernt, ein Loch für die Schnur stanzen. Circa 60 cm Schnur durch die beiden Löcher führen, an den Enden der Schnur je eine Holzperle anbringen.

Die Kinder reißen oder schneiden aus grünem Papier alle Arten von Wasserpflanzen aus. Beispielsweise können sie auch einfach verschiedene grüne Schnipsel davon zu einer Wasserpflanze zusammenlegen und auf den Karton kleben.
Die Vorlage des Wals auf den hellblauen Tonkarton übertragen und ausschneiden. Dann diesen noch mit einem Auge versehen.
Bevor der Wal an der Schnur befestigt wird, die Schnur auf einer Seite so weit ziehen, dass auf der anderen Seite die Perle gerade noch unter dem Karton zu sehen ist.
Der Wal wird dann auf der kurzen Seite auf die Schnur geklebt, entweder mit Klebefilm oder mit Kleber. Wenn der Wal befestigt ist, zieht man erst die eine Perle runter und der Wal schwimmt auf der Schnur auf die andere Seite. Genauso kann er wieder zurückschwimmen.
Damit die Kinder gut damit spielen können, befestigen Sie das Walspiel am besten mit Nägeln an der Wand.

So hören Wale unter Wasser

Zahnwale orientieren sich nicht allein durch Sicht, sondern durch die sogenannte Echo-Ortung. Dies geschieht über ein einzigartiges Organ, die Melone, das überwiegend aus Fett besteht und über dem Oberkiefer liegt. Die Melone bündelt die erzeugten Schallwellen und strahlt sie nach vorn ab. Die vom Zielobjekt reflektierten Schallwellen werden von einem Fettkanal im Unterkiefer aufgefangen und zum Mittelohr geleitet. Auswertung und Weiterverarbeitung der Informationen erfolgen dann im Gehirn.
Wie gut dieses Echolot arbeitet zeigt der Umstand, dass Wale einen Schwarm Fische ausmachen können. Auch zum Orientieren in dunklem Wasser erzeugen Wale Geräusche, allerdings in für uns Menschen unhörbaren Frequenzen. Sie senden Töne aus, empfangen das Echo und bekommen so in Sekundenbruchteilen ein Bild ihrer Umgebung.

4 Hören wie ein Wal

KIMSPIEL

ALTER ab 3 Jahren

ZIELE Konzentration, Körperbewusstsein, auditive Wahrnehmung

MATERIAL Bauklotz, Augenbinde, Stuhl, Rassel, Trommel, Klanghölzer

Bei dieser Aktion nehmen die Kinder ihren Körper ganz bewusst wahr, denn sie lassen sich darauf ein, nichtsprachlichen Informationen zu lauschen. Die Kinder nehmen ihren eigenen Körper nun anders wahr, da ihnen durch die Augenbinde die Sicht fehlt, die Konzentrationsspanne kann durch solche Übungen erfolgreich verlängert werden.

Für diese Beschäftigung stellen Sie im Bewegungsraum einen Stuhl und die Instrumente bereit.

Wie sich Wale wohl miteinander unterhalten? Was meinen die Kinder? Machen Sie ein kleines Experiment: Die Kinder nehmen auf dem Boden im Bewegungsraum Platz und schließen die Augen. Sie sind jetzt Wale im Meer. Die Wale brauchen ihre Augen oft nicht, denn sie können sehr gut hören. Stehen Sie auf und klatschen in die Hände. Können die Kinder mit weiterhin geschlossenen Augen auf Sie zeigen? Nun wechseln Sie den Standort und klatschen erneut. Wiederholen Sie die Übung mehrmals. Anschließend setzen Sie sich wieder zu den Kindern. Diese dürfen die Augen öffnen und erzählen, ob es schwer war zu erkennen, aus welcher Richtung das Geräusch kam.

Jetzt wird es schwieriger: Alle schließen erneut die Augen und Sie sagen den Kindern, dass jetzt der Bauklotz das Geräusch machen wird. Sie oder ein Kind werfen den Bauklotz in eine Richtung und die Kinder zeigen an, ohne die Augen zu öffnen, wo der Bauklotz aufgekommen ist. Auch hier mehrere Wiederholungen durchführen. Beziehen Sie bei den Übungen die Kinder mit ein und lassen diese nun die Geräusche machen.

Als Nächstes können sich die Kinder vorstellen, dass Wale in der Tiefe des Meeres schwimmen und dass es dort sehr dunkel ist. Doch auch dort können sich die Wale orientieren und Hindernissen ausweichen. Fragen Sie, wer so etwas einmal probieren möchte, indem er mit verbundenen Augen von einer auf die andere Seite des Raumes läuft. Verbinden Sie einem Kind die Augen und stellen dann einen Stuhl in den Weg. Das Kind darf loslaufen und Sie müssen darauf achten, dass es nicht gegen den Stuhl läuft. Sagen Sie vorher „Stopp" und das Kind darf die Augenbinde entfernen.
Fragen Sie es, was passiert wäre, wenn Sie nicht „Stopp" gerufen hätten. Das Kind wäre an den Stuhl gestoßen. Suchen Sie mit den Kindern nach Lösungen, wie man dem Stuhl hätte ausweichen können. Man könnte „Achtung, Stuhl!" rufen, dann hätte man gewusst, dass der Stuhl kommt, oder indem man mit einer Trommel ein Geräusch macht. Das Kind darf es noch einmal versuchen und wenn der Stuhl kommt, ertönt die Trommel und es kann dem Stuhl ausweichen. Machen Sie mehrere Wiederholungen, bis alle Kinder an der Reihe waren. Lassen Sie hierbei die Kinder auch die Trommel schlagen.
Wenn Geräusche/Töne ausgesendet werden und diese auf ein Hindernis treffen, werden die Töne zurückgeschickt. Das macht sich der Wal zunutze: Er sendet ein Geräusch aus und wenn dieses auf ein Hindernis trifft, wird der Ton zurückgeschickt. So weiß der Wal, dass ein Hindernis kommt, dem er ausweichen muss.

Jetzt wird es noch schwieriger: Die Kinder suchen sich ein Instrument aus, z. B. eine Rassel oder Klangstäbe, eines der Kinder hat wieder die Trommel. Einem Kind werden die Augen verbunden, dann geht es los. Alle Instrumente setzen ein, bis auf die Trommel. Das Kind muss jetzt genau hören, wann die Trommel ertönt, und darf erst dann seine Richtung ändern. Wechseln Sie auch hier untereinander, bis jedes Kind an der Reihe war. Stellen Sie den Stuhl bei allen Übungen immer erst in den Weg, wenn das Kind schon die Augen verbunden hat.

Zum Abschluss können Sie noch ein Geräuschspiel spielen. Alle Kinder verteilen sich am Rand des Raums und jedes Kind macht ein körpereigenes Geräusch wie Klatschen, Stampfen, Patschen, Brummen usw. Ein Kind stellt sich in die Mitte und ihm werden die Augen verbunden. Es wird ein Geräusch angesagt und zu diesem Geräusch muss es laufen. So muss das Kind z. B. zu dem klatschenden Kind gelangen.

5 Käseschachtel-Wal

KREATIVAKTION

ALTER ab 4 Jahren

ZIELE Feinmotorik, Spielfreude, Arbeitsschritte erfassen

MATERIAL ovale Käseschachteln, Papier in Hellblau und Weiß, schwarzer Stift, Kleber, Schere

Bei dieser Bastelarbeit entsteht ein Wal, der als Spielfigur genutzt werden kann. Fantasievoll können die Kinder mit ihrem Wal in eine Unterwasserwelt eintauchen und Geschichten nachspielen oder neu erfinden.

Sammeln Sie im Vorfeld ovale Käseschachteln und bitten auch die Eltern um Mithilfe. Schneiden Sie blaue Tonpapierstreifen in einer Länge von 36 × 2 cm zurecht.

Zeigen Sie den Kindern die Käseschachteln. Haben sie eine Idee, wie aus einer Schachtel ein Wal entstehen könnte? Richtig, die Schachtel kann zum Walkörper werden. Dazu bekleben die Kinder Deckel und Boden mit blauem Tonpapier, indem sie die Schachtel auf das blaue Papier legen und mit einem Stift umfahren. Das so entstandene Oval zweimal ausschneiden und an Boden und Deckel ankleben.
Nun die Schachtel zusammenkleben und den blauen Tonpapierstreifen um die Schachtel herumkleben. Auf blauem Papier zeichnen die Kinder frei eine Schwanzflosse und zwei Seitenflossen auf. Die Schwanzflosse am hinteren Schachtelrand und die Seitenflossen rechts und links ankleben. Jetzt malen die Kinder noch auf weißes Papier einen großen Mund und zwei Augen auf.
Den Mund mit Strichen versehen und in die Augen Pupillen malen. Vorne an der Schachtel den Mund aufkleben, dabei kann der Mund an der Schachtel überstehen oder geknickt noch an Boden und Deckel angeklebt werden. Für die Wasserfontäne das weiße Papier zu einem Quadrat 10 x 10 cm schneiden. In dieses Quadrat nun Streifen schneiden, etwas über die Mitte hinaus. Kleben Sie die Wasserfontäne am oberen Schachtelrand an. Biegen Sie die Streifen noch etwas auseinander.

TIPP Sie können für die Schwanz- und Seitenflossen sowie für Mund und Augen Schablonen herstellen. Anstatt die Augen aufzumalen, können auch Wackelaugen verwendet werden.

6 Heut ist ein Fest bei den Walen

MUSIKAKTION

ALTER ab 3 Jahren

ZIELE Rhythmusgefühl, Mundmotorik, Merkfähigkeit

MATERIAL leere Plastikflaschen (0,5 Liter), Trinkhalme (umweltfreundlich), Wasser, Trichter

Die Kinder werden hier auf eine ganz besondere Art zu Geräuschmachern. Sie dürfen etwas, was sie sonst wahrscheinlich nicht dürfen, und zwar mit einem Strohhalm Blubberblasen in eine Flasche pusten. Dazu können Sie das bekannte Kinderlied „Heut ist ein Fest bei den Fröschen am See" etwas abwandeln.

Befüllen Sie die Plastikflaschen etwas über die Hälfte mit Wasser und geben jeweils einen Trinkhalm in die Flaschen.

Kommen Sie mit den Kindern zu einem Sitzkreis zusammen und stellen ihnen zuerst die Flaschen vor. Überlegen Sie gemeinsam mit den Kindern, wie damit Musik gemacht werden könnte. Jedes Kind erhält eine Flasche und probiert aus, wie es in den Strohhalm blasen muss, sodass es blubbert.

Jagd mit Luftblasen

Wale stoßen teilweise ihre eingeatmete Luft unter Wasser aus. Mit dem Unterwasserblubbern gehen sie auf die Jagd. Die Luftblasen sollen Fischschwärme verwirren und zusammentreiben. Diese Luftblasen irritieren die Fische und sie kommen enger zusammen. So hat es ein Wal leichter, seine Beute zu jagen.

Leiten Sie über auf ein Blubber-Orchester. Jeder bläst in seine Flasche, wenn der Dirigent den Takt angibt. Mal wird lange geblubbert, mal kurz oder in einem bestimmten Rhythmus. Wechseln Sie sich mit den Kindern ab und lassen Sie die Kinder zu Taktgebern werden. Wenn die Kinder das „Blubbern" beherrschen, stellen Sie ihnen das Lied vor:

Heut ist ein Fest bei den Walen im Meer,
Ball und Konzert und ein großes Dinner.
Blubb, blubb, blubb, blubb,
blubb, blubb, blubb, blubb.

Besprechen Sie mit den Kindern das Lied und welche Wörter darin vorkommen. Das Wort „Dinner" wird den Kindern wahrscheinlich nicht sehr geläufig sein. Deshalb erklären Sie ihnen, dass es ein englisches und ein französisches Wort ist und „Abendessen" bedeutet. Wiederholen Sie das Lied und animieren Sie die Kinder, mitzusingen.
Danach geht die Frage an die Kinder, an welcher Stelle des Liedes sie die Blubber- Flaschen einsetzen könnten. Die Kinder werden sofort auf die Textzeilen mit „blubb" kommen und setzen das auch gleich in der nächsten Wiederholung um, während sie diese Zeilen in den Strohhalm singen. Dies wird zuerst wahrscheinlich nicht gelingen, da die Kinder zuerst nur an einem Stück blasen. Machen Sie den Kindern einmal vor, dass es kurze Blasstöße sein sollen. Wiederholen Sie das Lied so lange, bis die Kinder den Text und die Melodie beherrschen.

7 Wal falten

KREATIVAKTION

ALTER ab 4 Jahren

ZIELE Feinmotorik, Arbeitsschritte erfassen

MATERIAL quadratisches Faltpapier in Hellblau für jedes Kind, schwarzer Stift, Kleber, Schere, DIN-A4-Papier in Weiß

Bei dieser Faltarbeit entsteht aus einem quadratischen Faltpapier in wenigen Arbeitsschritten ein Wal.

Kommen Sie mit den Kindern an einem Tisch zusammen. Jedes Kind nimmt sich ein blaues Faltpapier. Nehmen Sie sich ebenfalls ein Papier und führen Sie die Faltschritte gemeinsam durch.

- Legen Sie das Faltpapier so vor sich hin, dass eine Ecke auf den Körper zeigt. Falten Sie es nun in der Mitte, anschließend Ecke auf Ecke. Dann das Ganze wieder öffnen.
- Die Ecken auf einer Seite jeweils zur Faltlinie knicken und glattstreichen. Das Faltpapier sollte jetzt wie ein Drache aussehen.
- Die breite Spitze des Drachens nach innen falten bis zu den oberen Kanten der eingeschlagenen Seitenteile.
- An der dünnen Spitze, zwischen den eingeschlagenen Seitenteilen, etwa 2 cm einschneiden und als Flosse nach außen knicken.
- Die Faltarbeit an der Mittellinie zusammenklappen und gut feststreichen.

Jetzt ist der Wal fertig gefaltet und kann nun auf das Blatt geklebt werden. Zum Abschluss noch ein Auge und den Mund aufmalen. Nun können die Kinder das Blatt weitergestalten und eine Unterwasserwelt schaffen.

8 Ein kleiner Wal im blauen Meer

FINGERSPIEL

ALTER ab 2 Jahren

ZIELE Hand-Auge-Koordination, Sprachverständnis, Merkfähigkeit

MATERIAL Sitzkissen

Bei diesem Fingerspiel verwandeln sich die Hände in einen kleinen Wal, der munter durch das blaue Meer schwimmt.

Laden Sie die Kinder zu einem Sitzkreis ein, um das Fingerspiel zu erarbeiten. Erzählen Sie den Kindern, dass sie heute ein Fingerspiel erlernen, das von einem kleinen Wal handelt, der im großen blauen Meer schwimmt. Tragen Sie das Fingerspiel ohne Bewegungen einmal vor.

Es war einmal ein Wal im Meer,
Handflächen aneinanderlegen und vor den Körper halten

schwamm her und hin – und hin und her.
Hände bewegen sich hin und her

Schwamm rauf und runter,
Hände bewegen sich hoch und runter

war fröhlich und munter.
Hände hin und her wackeln

Machte auf sein Maul und wieder zu,
Hände auseinanderfalten, Handballen bleiben dabei zusammen

das tat er ständig, so wie du.
Hände auf- und zuklappen, mehrere Wiederholungen

Dann suchte er sich ein Versteck – und *schwups* – da war er einfach weg.
Hände verstecken sich hinter dem Rücken

Kurz darauf kam er zurück,
Hände aneinanderlegen

begleit ihn doch ein kleines Stück!
Hände wieder von rechts nach links bewegen

Erarbeiten Sie gemeinsam mit den Kindern die Bewegungen zum Fingerspiel. Beziehen Sie die Kinder mit ein. Machen Sie mehrere Wiederholungen, bei denen sich die Kinder das Fingerspiel gegenseitig vortragen. Somit prägen sich der Text und die Bewegungen gut ein.

9 Ich hab einen Wal gesehen

SPIELLIED

ALTER ab 2 Jahren

ZIELE Sprache, Liedrhythmus

MATERIAL Sitzkissen

Die Melodie des bekannten Volkslieds „Kommt ein Vogel geflogen“ wird hier auf das Thema „Wal“ abgewandelt, sodass ein Spiellied entsteht.

Kommen Sie mit den Kindern zu einem Sitzkreis zusammen und singen ihnen das Lied „Ich hab einen Wal gesehen“ einmal vor. „Name des Kindes“ lassen Sie noch aus und machen nur „mmmm“. Erklären Sie den Kindern, wie das Spiellied funktioniert. Wenn der Name eines Kindes fällt, darf dieses aufstehen, in die Mitte des Kreises gehen und sich drehen. Das Kind bleibt dann in der Mitte stehen und wenn das Lied ein weiteres Mal gesungen wird, sagt /singt das Kind in der Mitte den Namen eines anderen Kindes, das in die Mitte des Kreises geht und sich dreht.
Das Spiel wird so lange fortgesetzt, bis alle Kinder an der Reihe waren oder solange Interesse bei den Kindern besteht.

Am Meer bin ich gewesen,
hab einen Wal gesehen.
Der Wal heißt (Name des Kindes),
die/der darf sich jetzt drehen.

2

SANFTE RIESEN – BARTENWALE

Bartenwale sind die größten Wale. Selbst die kleinsten Arten sind mehr als sechs Meter lang. Sie besitzen keine Zähne, sondern Barten, nach denen sie benannt sind. Es ist faszinierend: Die größten Tiere der Erde ernähren sich von den fast kleinsten.

Der Blauwal

Der Blauwal kann mehr als 30 Meter lang werden und bis zu 200 Tonnen wiegen. Er gehört zu den Bartenwalen, da er anstelle von Zähnen am Oberkiefer Barten hat. Barten sind mehrere faserige Hornplatten, die einige Meter lang werden können. Alle Bartenwale filtern mit diesen „Platten" ihre Nahrung aus dem Wasser. Der Blauwal nimmt bis zu 80 Tonnen (80.000 Liter) Meerwasser auf einmal in sein geöffnetes Maul, schließt es dann und presst das Wasser durch die Barten, an denen kleine Meerestiere hängen bleiben, wieder hinaus.

10 Der Blauwal

SACHGESPRÄCH MIT KREATIVAKTION

ALTER ab 3 Jahren

ZIELE Wissensvermittlung, Sprache, Aufmerksamkeit

MATERIAL Bild eines Blauwals, Kopiervorlage „Malvorlage Blauwal", Kreide, Maßband, Plastiktüte, Schüssel, Wasser, Konfetti, Kamm, Stifte, große blaue Mülltüte

Der Blauwal ist das schwerste und größte Säugetier der Erde. Er ist in allen Ozeanen der Welt zu finden.

Damit die Kinder die Größe des Blauwals verstehen und begreifen, gehen Sie mit den Kindern ins Außengelände (Gehweg). Zeigen Sie den Kindern das Bild eines Blauwals. Ziehen Sie mit der Kreide einen Strich auf dem Boden und alle Kinder stellen sich an diesen. Sie können auch eine große Schwanzflosse auf den Boden malen: Erklären Sie den Kindern, dass sie nun genau auf der Schwanzflosse des Blauwals stehen. Messen Sie mit dem Maßband circa 30 Meter ab und machen Sie dort auch einen Strich. Sagen Sie den Kindern, dass Sie jetzt am Kopf des Wales stehen. Laden Sie die Kinder anschließend zu einem Sitzkreis ein, um noch mehr über den Blauwal zu erfahren.

Damit die Kinder die gewaltige Größe des Wales verstehen, ziehen sie noch einige Beispiele heran. Lassen Sie die Kinder ihre Hand auf ihr „Herz" legen. Erklären Sie, dass auch ein Blauwal ein Herz hat und dieses ungefähr so groß ist wie ein Kleinwagen. Sie können eventuell ein Modell, z. B. einen VW Käfer, benennen.
Der Blauwal wiegt bei seiner Größe auch sehr viel. Bringen Sie Beispiele – er wiegt z. B. etwa so viel wie 30 ausgewachsene Elefanten oder 2.500 Menschen.
Wie viel muss ein so großes Tier wie ein Wal denn eigentlich fressen? Und wovon wird er satt? Eigentlich fressen Wale den ganzen Tag über. Dazu müssen sie einfach nur das Meerwasser in ihr Maul fließen lassen. Mit einer Schüssel Konfetti können die Kinder das nachmachen: Befüllen Sie hierfür eine Schüssel mit Wasser und leeren dort Konfetti hinein. Dies stellt das Meer mit den darin schwimmenden Kleintieren dar. Nun eine geöffnete Plastiktüte durch das Wasser ziehen, sodass das Wasser mit dem Konfetti in die Tüte gelangt. So macht es der Blauwal mit seinem Maul. Nun können Sie die Öffnung der Tüte verkleinern, einen Kamm davorhalten und das Wasser wieder aus der Tüte gießen. Das Konfetti bleibt im Kamm hängen und stellt die kleinen Tiere dar, die der Bartenwal anschließend hinunterschluckt.

Beim Filtern helfen dem Blauwal seine Barten. Es sind bis zu 400 Stück und sie bestehen aus einem ähnlichen Material wie unsere Fingernägel. Nehmen Sie noch zwei Zollstöcke von je zwei Metern und klappen sie beide ganz auf. Legen Sie die Zollstöcke hintereinander, so sind es vier Meter und die Kinder sehen die Länge, die die Barten haben können.

Möchten die Kinder die Malvorlage ausmalen? Schneiden Sie die blaue Mülltüte auseinander und hängen diese an die Wand. Die Tüte nicht glatt aufhängen, sondern mit Klebefilm die „Wellen" erzeugen. Anschließend platzieren die Kinder ihren ausgeschnittenen Blauwal in diesem „großen blauen Meer".

11 Warum ein Wal im Wasser nicht friert

EXPERIMENT

ALTER ab 3 Jahren

ZIELE Wissen, Sprache, Sachverständnis

MATERIAL Weltkarte, eine Schüssel mit kaltem Wasser, 3 Gefrierbeutel mit je einem Liter Volumen, Margarine, Klebeband, Zollstock, Handtuch

Wale leben in allen Ozeanen unserer Erde, auch dort, wo Eisberge zu sehen sind und das Wasser sehr kalt ist. Die Kinder erfahren bei diesem Experiment, warum der Wal dort nicht „friert".

Geben Sie einen großen Klecks Margarine in einen der Gefrierbeutel und verteilen Sie diese durch Kneten so im ganzen Beutel, dass keine Lücken zu sehen sind. Stecken Sie den zweiten Beutel über ihre Hand und ziehen den Beutel mit der Margarine darüber. Nun beide gleichzeitig vorsichtig von der Hand abziehen. Die Margarine ist jetzt im Zwischenraum der beiden Beutel. Damit die beiden Beutel zusammenbleiben, fixieren Sie sie oben mit Klebeband. Füllen Sie nun die Schüssel mit möglichst kaltem Wasser.

Laden Sie die Kinder zu einem Sitzkreis ein und legen die Weltkarte dazu. Rufen Sie den Kindern ins Gedächtnis, dass die Wale in allen Ozeanen der Welt zu finden sind. Auch dort, wo es sehr kalt ist. Beziehen Sie die Kinder mit ein und lassen sich auf der Weltkarte zeigen, wo dies ist. Zum Beispiel am Nordpol.

Erzählen Sie den Kindern, dass die Wale auch in sehr kaltem Wasser nicht frieren, weil sie eine Fettschicht vor dieser Kälte schützt. Wie das funktionieren kann, wollen Sie jetzt gemeinsam ausprobieren.
Stellen Sie nun die Schüssel dazu und ein Kind darf seine Hand für ein paar Sekunden in das kalte Wasser halten. Wie fühlt es sich an? – Es ist kalt und unangenehm. Das Kind trocknet sich die Hand ab und steckt dann die andere Hand in den vorbereiteten „Fetthandschuh". Es muss die andere Hand sein, da die erste Hand noch kalt ist und so das Kälteempfinden verfälscht wird. Die Hand nochmals für circa 10 Sekunden ins kalte Wasser halten, dabei darauf achten, dass kein Wasser in den Handschuh läuft.
Wie fühlt es sich jetzt an? Ist ein Unterschied zu spüren? Woran könnte der Unterschied liegen? Falls das Kind meint, dass es am Beutel gelegen hat, nehmen Sie den dritten Beutel, streifen ihn über die Hand des Kindes und lassen es die Hand noch einmal ins Wasser halten. Hat sich das gleich angefühlt wie mit dem doppelten Beutel und der Margarine?
Lassen Sie alle Kinder den Handschuh ausprobieren: Können die Kinder erraten, was sich im Handschuh befindet und so gut vor der Kälte schützt? Genau, es ist Fett. Wale haben eine dicke Schicht aus Fett unter ihrer Haut, die sie die Kälte im Polarmeer nicht spüren lässt. Bei einem Blauwal kann diese Schicht bis zu 50 cm dick sein. Können die Kinder an einem Zollstock zeigen, wie dick das ist? Viele andere Wale haben diese Fettschicht auch.

12 Der Blas

SACHGESPRÄCH MIT KREATIVAKTION

ALTER ab 4 Jahren

ZIELE Sachwissen, Feinmotorik

MATERIAL Bild eines Blauwals mit Blas, Kopiervorlage „Malvorlage Blauwal", DIN-A4-Blatt, Farbstifte

Wale haben Lungen wie wir Menschen und jedes andere Säugetier. Die Nase ist bei Walen jedoch auf den Rücken „gerutscht".

Legen Sie die Malvorlage „Blauwal" auf das untere Drittel eines weißen Blattes und kopieren dieses. So entsteht das Ausmalbild für die Kreativaktion.

Kommen Sie mit den Kindern an einem Tisch zusammen. Rufen Sie den Kindern in Erinnerung, dass Wale wie die Tiere an Land und auch wir Menschen Luft zum Atmen brauchen. Auch ein Wal hat dafür eine „Nase". Gucken Sie doch mal im Internet nach Videos von Walen: Wenn Sie mit den Kindern zugucken, wie Wale im Meer tauchen, schwimmen und planschen, wird er den Kindern sofort auffallen: der Blas.
Legen Sie nun das Bild des Blauwals auf den Tisch. Die Kinder erkennen, dass Wasser aus dem hinteren Kopf des Wales spritzt. Dort sitzt bei allen Walen die „Nase". Bei Bartenwalen sind es zwei Löcher, Zahnwale haben nur eine Öffnung.

Erklären Sie den Kindern, wie die Atmung bei einem Wal funktioniert. Bevor ein Wal abtaucht, holt er viel Luft durch das Blasloch. Taucht er dann ab, schließt sich das Blasloch so fest, dass

kein Wasser eindringen kann. Taucht der Wal wieder auf, öffnet sich das Blasloch und die Tiere stoßen die verbrauchte Luft kräftig aus.
Wenn wir ausatmen, sieht man meistens nichts, doch beim Wal steht etwas Wasser im Blasloch. Dazu kommt noch der Schleim, der auch bei uns manchmal in der Nase ist.

Teilen Sie an die Kinder die Ausmalbilder aus. Die Aufgabe der Kinder ist es, das Blatt auszugestalten. Sie malen den Blauwal an, gestalten das Wasser, aber so, dass die zwei Blaslöcher des Wals über Wasser sind. Als wichtigstes Element malen die Kinder den Blas, der nach oben spritzt.

TIPP Es blubbert, spritzt und zischt: Den Blas und all das zischende Wasser können die Kinder noch mit Tricks in Szene setzen: Salzkörnchen (grobes Salz) auf der noch nassen Farbe bringen das „Wasser" beispielsweise zum Glitzern. Fragen Sie die Kinder noch nach weiteren Ideen, wie man die Bilder noch „nasser" gestalten könnte: Wie könnte man das zischende Wasser noch darstellen (Papierfetzen, Glitzerfarben, …)?

Wie atmen Wale?

Da es sich bei Walen um Säugetiere handelt, können sie sich nicht immer unter Wasser aufhalten. Sie müssen zum Atmen an die Wasseroberfläche kommen. Die Atemluft wird beim Ausatmen durch das Loch an der Kopfoberseite ausgestoßen. Hierbei ist meist eine Dampfwolke, der sogenannte *Blas*, zu sehen. Bei sehr großen Walen kann man diesen schon von Weitem erkennen. Dieses „Nasenloch" ist direkt mit den Lungen verbunden. Zwischen Maul und Lungen besteht dagegen bei Walen keine Verbindung.
Die Höhe, Form und Richtung des ausgestoßenen Blas ist bei Walen unterschiedlich, deshalb können manche Wissenschaftler bereits von Weitem erkennen, um welche Walart es sich handelt. Der Blas vom Blauwal geht am höchsten und kann bis zu 12 Meter hoch sein.

13 Blauwal Matty hilft der kleinen Möwe

KLANGGESCHICHTE

ALTER ab 3 Jahren

ZIELE Instrumentenkunde, Merkfähigkeit, Aufmerksamkeit

MATERIAL Handtrommel, Regenrohr, Pauke oder große Trommel mit Schlägel, Triangel, Schellenkranz, Klangstäbe

Die kleine Möwe Lilly hat sich in dieser Geschichte viel zu weit aufs Meer hinausgewagt. Vor Müdigkeit kommt sie kaum noch weiter – und unter ihr ist nichts als Wasser. Wie gut, dass plötzlich eine Insel vor ihr auftaucht. Oder ist das etwa gar keine Insel? Diese spannende Geschichte können die Kinder nachmalen, selbst weitererfinden oder mit Klanginstrumenten begleiten und so einen Kurzurlaub im und auf dem Meer verbringen.

Stellen Sie die Instrumente bereit und laden Sie die Kinder dann zu einem Sitzkreis ein, um eine Klanggeschichte zu hören. Lesen Sie die Geschichte zuerst einmal ohne Instrumente vor.

Geschichte

Draußen auf dem **Meer**, dort wo weit und breit kein **Land** mehr zu sehen und das Wasser so klar und blau ist wie der Himmel, hat es sich der große Blauwal **Matty** gerade gemütlich gemacht. **Matty** ist aufgetaucht und lässt sich von den **Wellen** treiben. Die **Sonne** wärmt seinen breiten Rücken, was **Matty** sehr angenehm findet.

Da hört **Matty** eine leise Stimme: „Wo bin ich? Oh nein, ich habe mich verflogen, wo soll ich mich nur ausruhen? Doch da ist eine Insel." **Matty** spürt, dass sich etwas auf seinen Rücken setzt.

Matty dreht den Kopf und will nachschauen, doch er kann nichts sehen. Da ruft **Matty**: „Hey, wer immer du bist, ich bin keine Insel."

Das Ding auf **Mattys** Rücken erschrickt und er spürt, dass es seinen Rücken wieder verlässt. Vor seinen Augen erscheint ein kleines weißes, flatterndes Etwas. „Entschuldigung, das wusste ich nicht! Ich war so müde vom vielen Fliegen. Irgendwie habe ich mich verflogen und weiß nicht mehr, wo ich bin. Entschuldige bitte, dass ich dich gestört habe. Ich fliege dann weiter."

„Halt, warte, wer bist du?", fragt **Matty** das fliegende Ding.

„Stimmt, ich habe mich gar nicht vorgestellt, ich bin **Lilly**, die **Möwe**."

„Guten Tag, **Lilly**, ich bin **Matty** und ein Blauwal und wirklich so groß, dass man mich mit einer Insel verwechseln kann. Wenn du magst, kannst du dich auf meinem Rücken ausruhen, **Lilly**."

Das lässt sich **Lilly** nicht zweimal sagen und setzt sich wieder auf **Mattys** Rücken. „Weißt du, **Matty**, so weit wie heute bin ich noch nie geflogen. Ich wohne am **Meer** und das **Meer** grenzt an **Land**. Doch heute ist so ein schöner Tag, die **Sonne** scheint und die **Wellen** sind so ruhig, da dachte ich, ich fliege etwas weiter. Das war so schön, das **Meer** unter mir, die **Sonne** über mir, und schwups, war kein **Land** mehr zu sehen, auf dem ich landen konnte. Nur du, **Matty**,

deshalb habe ich mich auf deinen Rücken gesetzt."
„Kein Problem, ich habe gerade nichts anderes vor, deshalb ruh dich ruhig etwas aus, **Lilly**", sagt Matty zu der kleinen **Möwe**.
„Vielen Dank, nur ein kleines bisschen, dann muss ich schauen, dass ich irgendwo **Land** finde, aber so weit ich sehen kann, gibt es nur **Meer**. Du weißt nicht zufällig, in welche Richtung ich fliegen muss?", fragt **Lilly**.
„Doch, immer geradeaus, da ist das **Land**", antwortet **Matty**.
Lilly schaut in die Richtung, die **Matty** meint, aber sie sieht nur die **Sonne** oben und das **Meer** unten. „Ich sehe kein **Land**, ich sehe nichts", jammert **Lilly** ein wenig.
„Dann halt dich fest, ich schwimme ein Stück in Richtung **Land**." **Matty** setzt sich in Bewegung und schon schwappen **Wellen** über **Lillys** Füße, die sie fast vom Rücken des Blauwals spülen. Doch **Lilly** kann sich festhalten und genießt die Fahrt übers **Meer**. Sie freut sich sogar, dass sie nicht fliegen muss.
Immer wieder fragt **Matty**: „**Lilly**, siehst du Land?"
Doch stets muss **Lilly** antworten: „Nein, noch nicht, **Matty**, ich sehe kein **Land**."
Aber dann taucht auf einmal ein brauner Streifen am Horizont auf. „Jetzt sehe ich **Land**! **Matty**, ich sehe es!", jubelt **Lilly**.
Matty hält an und sagt: „Von hier aus kannst du jetzt alleine weiter."
Lilly erhebt sich von seinem Rücken und fliegt direkt vor **Mattys** Kopf. „Vielen Dank, **Matty**, du hast mich gerettet, ohne dich hätte ich das **Land** nicht wiedergefunden, mach's gut." So verabschiedet sich **Lilly** und fliegt über das **Meer** in Richtung brauner Streifen.
Matty freut sich, dass er helfen konnte, und dreht sich um, sodass die **Wellen** nur so schwappen. Er holt tief Luft und taucht ab in die Tiefen des **Meeres**.

Holen Sie die Instrumente in den Kreis. Die Kinder benennen die Instrumente und probieren diese aus. Suchen Sie gemeinsam mit den Kindern nach Schlagwörtern, denen ein Instrument zugeordnet werden kann.

Meer – mit der Hand über das Trommelfell streichen
Wellen – Regenrohr
Matty – Pauke/große Trommel
Sonne – Triangel
Lilly/Möwe – Schellenkranz
Land – Klangstäbe

Lesen Sie die Geschichte ein weiteres Mal vor und die Kinder untermalen diese mithilfe der Instrumente.

14 Tintenfisch-Sudoku

SPIELAKTION

ALTER ab 4 Jahren

ZIELE Raum-Lage-Wahrnehmung, Merkfähigkeit, Konzentration

MATERIAL Schuhkarton oder Spielkarton, 2 DIN-A4-Blätter, je neun verschiedene kleine Dinge doppelt (z. B. Stein, Muschel, Legostein …), Lineal, Bleistift, Kopiervorlage „Malvorlage Blauwal", Bild eines Tintenfischs, Taschentuch

Rechts, links, über, unter, neben: Für die Kinder sind Angaben von Raum-Lage-Situationen oder die Raumorientierung eine komplexe Leistung. All die kleinen Wörter, die angeben, wo oder in welcher Richtung sich Dinge im Raum befinden, können die Kinder bei diesem Besuch bei einem Tintenfisch kennenlernen und üben.

Malen Sie ein Quadrat 18 x 18 cm auf jedes der DIN-A4-Blätter und teilen Sie diese Quadrate in neun gleich große Kästchen ein. Legen Sie die 18 Gegenstände bereit – diese sollten nur so groß sein, dass sie in die Kästchen passen. In den Karton legen Sie ein Blatt mit Neunerfeld, auf dem Sie die eine Hälfte der neun Gegenstände anordnen. Decken Sie die Gegenstände mit dem Taschentuch ab, damit diese beim Öffnen nicht gesehen werden. Obenauf legen Sie das Bild des Tintenfisches.
Schreiben Sie sich die Anordnung der Dinge in der Schachtel auf, da sie im späteren Verlauf des Angebotes die Anordnung, ohne sie zu sehen, mit den Kindern legen.

Laden Sie die Kinder zu einem Sitzkreis ein. Die Kinder sollten in einer Reihe nebeneinandersitzen, damit alle die gleiche Blickrichtung haben. Ansonsten können keine gleichen Aussagen getroffen werden. Stellen Sie vorsichtig den Karton in die Mitte, damit die Gegenstände nicht verrutschen.
Spielen Sie den Kindern ein Rollenspiel vor und sprechen Sie mit zwei unterschiedlichen Stimmen:

Geschichte

Ein Blauwal schwimmt heute durch das tiefe Meer.
Blauwal neben die Schachtel legen.

Da sieht er diesen Karton und öffnet ihn mit seiner Flosse.
Öffnen Sie den Karton und die Kinder sehen das Bild vom Tintenfisch. Sprechen Sie mit verstellter Stimme als Tintenfisch:
„Hey, mach die Schachtel wieder zu, ich kann Licht nicht ertragen, da tun mir meine Augen weh."

„Oh, Entschuldigung!"
Mit der Wal-Stimme sprechen, dann den Deckel wieder schließen.

„Weißt du, ich bin sehr empfindlich, wenn es hell ist, deshalb sitze ich am Tag in meiner Schachtel und das ist so langweilig", sagt der Tintenfisch.
Mit der Tintenfisch-Stimme sprechen.

„Hast du niemanden zum Spielen?", möchte der Wal wissen.
„Nein, alle können tagsüber durchs Wasser schwimmen und nachts, wenn ich schwimmen kann, schlafen alle", sagt der Tintenfisch traurig.
„Weißt du was? Wir spielen mit dir! Stimmt doch, alle hier spielen mit dir, oder?", sagt der Wal.
Die Kinder mit einbeziehen.

Da freut sich der Tintenfisch. „Aber denk daran, ich kann nicht aus meiner Höhle."
„Das weiß ich", sagt der Wal.
Legen Sie jetzt das Neunerfeld und die Gegenstände neben die Schachtel.

„Hast du in deiner Höhle auch so ein Neunerfeld und die gleichen Dinge wie wir?", möchte der Wal wissen.
„Ein Neunerfeld habe ich, könnt ihr mir die Dinge aufzählen?", fragt der Tintenfisch.
Die Kinder benennen die Gegenstände und der Tintenfisch antwortet immer: „Hab ich."

„Diese Gegenstände ordnest du jetzt auf den neun Feldern an und ich muss hier draußen durch Fragen an dich alles gleich legen", erklärt der Wal.
„Ja, so machen wir es", sagt der Tintenfisch. „Und ich habe auch schon alles gelegt. Damit du und die Kinder es leichter haben, habe ich den Stein in die Mitte gelegt."
Legen Sie auf Ihrem Neunerfeld auch den Stein in die Mitte und beginnen Sie nun, den Tintenfisch zu fragen:

„Liegt die Muschel über dem Stein?"

Diese Aussage ist richtig und so schaffen Sie für die Kinder einen Ausgangspunkt, um mit dem Spiel fortzufahren.
Jetzt sind die Kinder an der Reihe und stellen dem Tintenfisch Fragen. Dieser antwortet mit Ja oder Nein:

Liegt unter dem Stein ein Lego?
Liegt neben der Muschel ein Lego?
Liegt über der Muschel ein Puzzleteil?
Liegt schräg über der Muschel eine Kugel?

Ist die Aussage richtig, wird das Teil auf das Neunerfeld gelegt. Der Tintenfisch muss noch darauf achten, dass die Kinder die richtige Seite wählen. Deshalb kann er auch sagen, richtiger Gegenstand, aber nicht links, sondern rechts vom Stein.
So verfahren die Kinder weiter, bis alle Dinge richtig angeordnet sind, dann öffnen sie den Karton und vergleichen die beiden Felder.
Der Wal verabschiedet sich von dem Tintenfisch und verspricht ihm, bald wieder vorbeizuschauen, um mit ihm zu spielen.

TIPP Wiederholen Sie das Spiel gerne auch ohne Wal und Tintenfisch. So haben Sie ein ständiges Spiel, um die Raum-Lage-Wahrnehmung zu üben.

15 Zauberhafte Unterwasserwelt

KREATIVAKTION

ALTER ab 3 Jahren

ZIELE Feinmotorik, Kreativität, Fantasie

MATERIAL weiße Wachsmalkreide oder weiße Kerze, Pinsel, Wasser, blaue Wasserfarbe, weiße Malblätter in DIN-A3

Weiße Farbe auf weißem Untergrund: Wie soll man denn da etwas erkennen können? Bei diesem Zaubertrick mit „Meerwasser“ erfahren es die Kinder.

Laden Sie die Kinder ein, die Meereswelt zu malen. Mit dem Wachsmalstift oder einer Kerze malen die Kinder einen Wal oder auch mehrere. Auf dem restlichen Papier malen die Kinder eine Unterwasserwelt. Dabei lassen Sie den Kindern freie Hand. Achten Sie darauf, dass die Kinder die Wachsmalkreide gut aufdrücken. Wenn die Kinder mit dem Malen fertig sind, wird das ganze Blatt mit der blauen Wasserfarbe übermalt.
Die fast unsichtbaren Linien werden jetzt sichtbar und verwandeln sich in geheimnisvolle Wale.

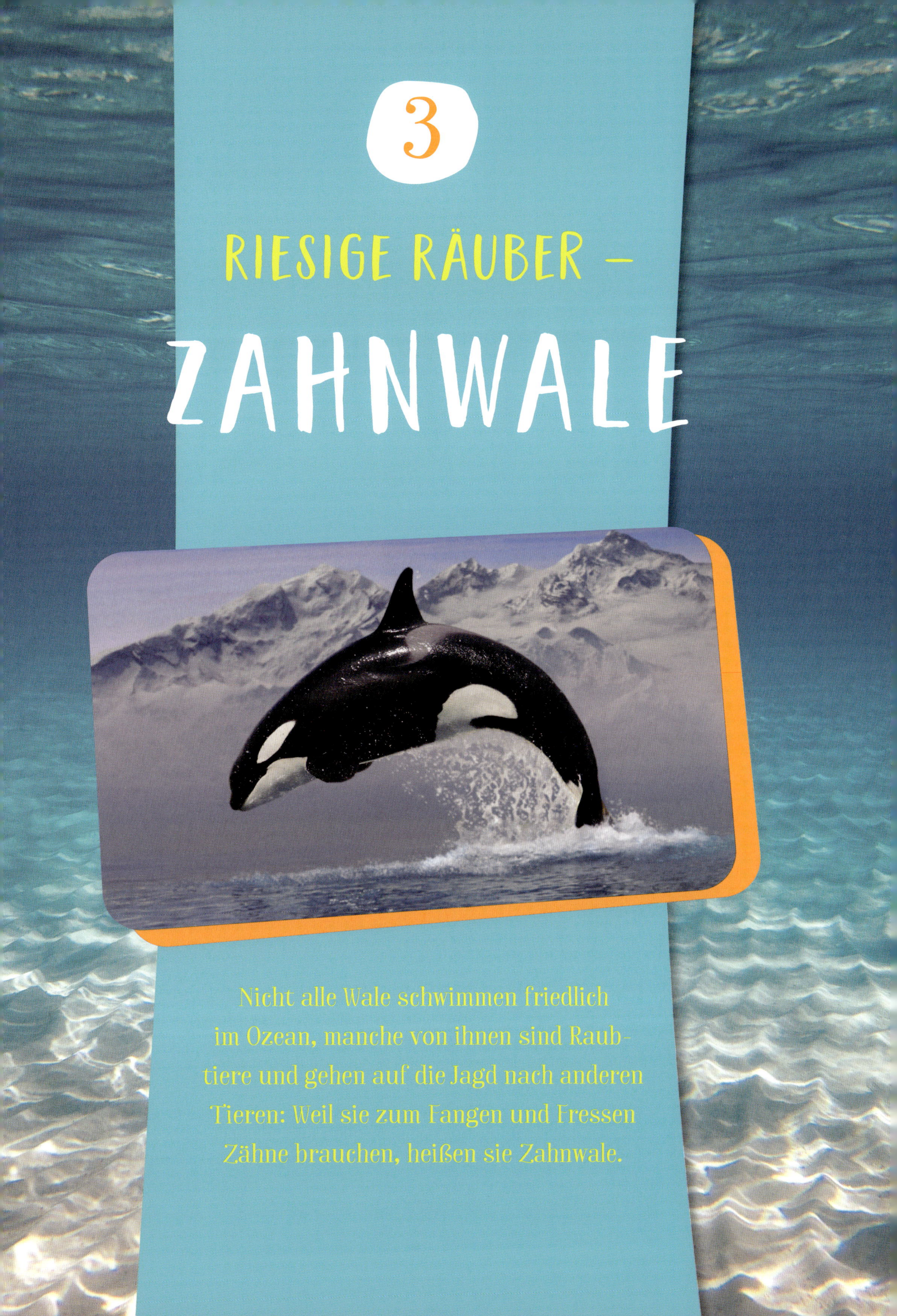

3

RIESIGE RÄUBER – ZAHNWALE

Nicht alle Wale schwimmen friedlich im Ozean, manche von ihnen sind Raubtiere und gehen auf die Jagd nach anderen Tieren: Weil sie zum Fangen und Fressen Zähne brauchen, heißen sie Zahnwale.

Zahnwale – Alter, Zähne und Gruppen

Die Zahnwale sind sehr viel kleiner als die Bartenwale. Der einzige Vertreter, der zu den Großwalen gezählt wird, ist der Pottwal.
Die Zähne sind bei den verschiedenen Arten ganz unterschiedlich. Einige besitzen sehr viele Zähne, der Narwal dagegen nur einen langen Stoßzahn. Bei den Zahnwalen ist es relativ einfach, das Alter zu bestimmen. Jedes Jahr bildet sich auf ihren Zähnen eine neue Schicht, die etwa den Jahresringen eines Baumes entspricht. Der älteste Zahnwal, den man bisher fand, war ein Pottwal mit 70 Ringen.
Man geht davon aus, dass es circa 70 verschiedene Zahnwale gibt, die sich wiederum in sieben Gruppen/Familien einteilen lassen. Die größte Gruppe bilden die Delfine, zu ihr gehören der große Tümmler und der Schwertwal.

16 Guten Tag, Herr Pottwal

SACHGESPRÄCH MIT KREATIVAKTION

ALTER ab 4 Jahren

ZIELE Sachwissen, Sprache

MATERIAL Bild eines Pottwals, Kopiervorlage „Malvorlage Pottwal", Schere, Klebefilm, Farbstifte

Guten Tag zum Pottwal sagen: In diesem kleinen Sachgespräch kommen die Kinder ganz schön ins Staunen: Sie lernen nämlich den Wal mit den längsten Zähnen kennen.

Laden Sie die Kinder ein, etwas über den Pottwal zu erfahren. Zeigen Sie zuerst das Bild des Pottwales und fragen, was ihnen als Erstes an dem Wal auffällt. Er hat einen ziemlich eckigen Kopf. Daran kann der Pottwal auch erkannt werden. Seine Körperfarbe kann von Dunkelgrau bis Dunkelbraun variieren. Seine Haut sieht meist faltig aus. Wie alle Zahnwale besitzt der Pottwal nur ein Blasloch.
In seinem Unterkiefer sitzen 30–52 dicke Zähne, die bis zu 25 cm lang werden können. Sie sind kegelförmig. Wie lang sind 25 cm? Messen Sie es gemeinsam aus und schneiden Sie sich mit den Kindern aus weißer Pappe einen etwa so langen Pottwalzahn aus. Unglaublich, oder? Zeigen Sie den Kindern, wie groß der Pottwal werden kann (circa 18 Meter). Ist das im Zimmer nicht möglich, gehen Sie mit den Kindern ins Außengelände.

Der Pottwal ernährt sich von Kalmaren/Tintenfischen, Fischen, Krebsen und Garnelen.
Er kann bis zu 120 Minuten unter Wasser bleiben. Damit die Kinder eine Vorstellung bekommen, wie lang das ist, sollen sie einmal die Luft anhalten und sich vorstellen, sie würden tauchen. Stellen Sie einen Wecker auf 120 Minuten und beim Starten des Weckers sagen Sie „Der Pottwal taucht ab", und erst wenn der Wecker klingelt, taucht er wieder auf. Während der Wecker weitertickt, können die Kinder nach Wunsch die Malvorlage des Pottwals ausmalen und in das blaue Meer (z. B. blaue Mülltüte) hängen.
Wenn der Wecker nach den 120 Minuten klingelt, muss der Pottwal auftauchen, um Luft zu holen. Rufen Sie den Kindern auch ihr Luftanhalten in Erinnerung. So erkennen die Kinder, dass der Pottwal wirklich sehr lange unter Wasser bleiben kann.

17 Mein eigener Pottwalzahn

KREATIVAKTION

ALTER ab 4 Jahren

ZIELE Feinmotorik, Sachwissen, Fantasie

MATERIAL Kleister, Zeitungspapier, Schüssel, Wasser, weißes Papier, Lineal

Haben die langen Zähne des Pottwals den Kindern gefallen? Wie wäre es, wenn sich die Kinder ihren eigenen Pottwalzahn herstellen? Rühren Sie den Kleister nach der Anleitung an. Das Zeitungspapier reißen die Kinder in längere Streifen und das weiße Papier in nicht allzu große Schnipsel.

Kommen Sie mit den Kindern am Tisch zusammen. Fragen Sie nach, ob die Kinder noch wissen, wer die größten Zähne von allen Lebewesen auf der Erde hat. Klar, das ist der Pottwal! Können die Kinder am Lineal oder Zollstock zeigen, wie lang das ist? Danach geht es an die Form. Die Kinder knüllen und rollen eine Doppelseite einer Zeitung zusammen und umwickeln sie mit Zeitungsblättern so lange, bis etwa 25 Zentimeter in der Höhe erreicht sind und das Papier kegelförmig ist. Der Durchmesser an der Grundfläche des Kegels kann je nach Ideen der Kinder beispielsweise 8–10 cm betragen. Jetzt fixieren die Kinder den Zahn mit den gerissenen Streifen und dem Kleister. Zwei bis drei Lagen müssten ausreichen. Toll, wenn die Oberfläche schön glatt und möglichst faltenfrei wird. Ist die Form wie gewünscht, als letzte Lage das weiße Papier aufbringen und den Zahn trocknen lassen. Nach 3–4 Tagen ist der Riesenzahn getrocknet.

Der Schwertwal (Orca)

Orcas sind in allen Ozeanen zu finden, doch meistens in den kälteren Regionen. Einen ausgewachsenen Seelöwen oder eine Robbe lassen sich die Riesenfische gern mal schmecken. Orcas heißen nicht umsonst Killerwale. Der Schwertwal oder auch Orca gehört zu der Gruppe der Zahnwale. Dort ordnet er sich bei den Delfinen ein. Den Namen Schwertwal verdankt er der langen aufrechten Rückenflosse, der Finne, die bis zu 1,80 Meter lang werden kann.
Seine Gesamtlänge beträgt bis zu neun Metern und er wird 50 Tonnen schwer. Schwertwale sind auffällig gefärbt, ihre Haut ist überwiegend schwarz und an der Unterseite weiß. Schwertwale leben in Gruppen von bis zu 50 Tieren zusammen und kommunizieren miteinander, besonders bei der gemeinsamen Jagd.

18 Flossi findet seine Mama wieder

GESCHICHTE MIT KREATIVAKTION

ALTER ab 4 Jahren

ZIELE Aufmerksamkeit, Sprache, Zuhören

MATERIAL Sitzkissen, Bild eines Schwertwals, Kopiervorlage „Malvorlage Schwertwal", Farbstifte, Klebefilm

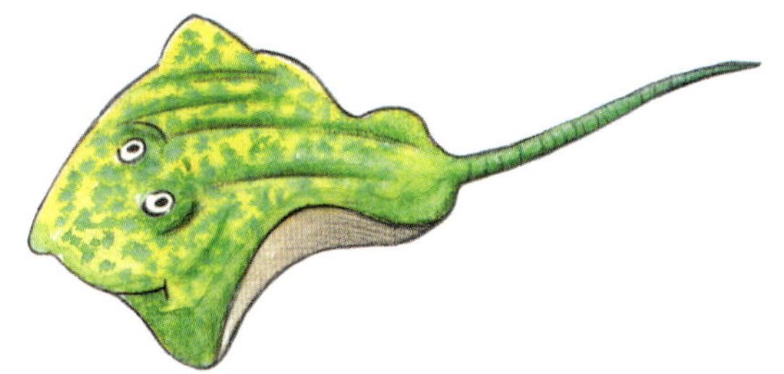

Von den sogenannten Killerwalen, den Orcas, handelt die folgende Geschichte. Diese ziehen auf der Suche nach Nahrung durch die Meere unserer Erde. In der Geschichte beginnt die Reise hoch im Norden.

Kopieren Sie für jedes Kind die „Malvorlage Schwertwal". Laden Sie die Kinder anschließend zu einem Sitzkreis ein und erzählen, dass Sie ihnen heute eine Geschichte vorlesen, in der es um einen kleinen Schwertwal geht. Zeigen Sie das Bild des Schwertwals und fragen die Kinder, ob sie wissen, wie ein Schwertwal noch genannt wird? Ein Schwertwal ist, wie auf dem Bild zu sehen, schwarz-weiß und er wird Orca genannt. Er hat Zähne und mag Fische, denn ein Schwertwal gehört zu den Zahnwalen. Sie können auch noch etwas zu der Größe erzählen.
Lesen Sie nun die Geschichte vor.

Geschichte

Im Meer des hohen Nordens wird es immer kälter und eine Familie der Schwertwale findet dort kaum noch etwas zu fressen. Daher macht sich die Familie der Orcas auf den Weg in Richtung Süden. Mit dabei ist Flossi, ein kleiner Schwertwal. Für ihn ist es die erste Reise in den Süden. Flossi ist sehr aufgeregt, was ihn auf der Reise alles erwartet und wie es wohl im Süden sein wird. Doch bevor es losgeht, prägt ihm seine Mutter ein, immer bei ihr zu bleiben, damit er nicht verloren geht. „Pass gut auf, Flossi, bleib immer an meiner Seite, der Weg ist weit und das Meer riesengroß."

So schwimmt die Walfamilie durch das große weite Meer und der kleine Wal sieht dabei ihm unbekannte Tiere. Pinguine, die wie Pfeile durchs Wasser schießen. Rochen, die mit ihren segelartigen Flossen wie Adler durchs Wasser schweben, und riesige Schwärme von Makrelen, die das Meer silbern glitzern lassen. Als der kleine Wal ein Seepferdchen sieht, findet er es so lustig, dass er dem Seepferdchen hinterherschwimmt, um mit ihm zu spielen. Vergessen sind die Ermahnungen seiner Mutter.

Das Seepferdchen spielt auch sofort mit Flossi, es schwimmt rückwärts, dreht Pirouetten und macht Purzelbäume und Flossi schwimmt immer weiter hinterher. Zur gleichen Zeit bemerkt die Walmutter, dass Flossi nicht mehr an ihrer Seite ist, und ruft nach ihm. Doch Flossi hört sie nicht mehr, so weit hat er sich schon von seiner Mama entfernt.

Als Flossi wieder auftauchen muss, um Luft zu holen, kann er seine Mutter und die anderen Wale nirgends entdecken. Da weiß er, was passiert ist: Er hat seine Mama verloren und den Anschluss an die Walfamilie.

Flossi irrt nun völlig alleine im weiten Ozean umher und weil er noch nicht gelernt hat, Fische zu fangen, findet er nichts zu fressen. Aber er ist tapfer und schwimmt immer weiter in der Hoffnung, die Walfamilie doch noch zu finden. Als er müde wird, schwimmt er an die Oberfläche des Meeres, um zu überlegen, wie es weitergeht. Dort lässt er sich von den Wellen treiben, als ein Delfin neben ihm auftaucht. Dieser erkennt sofort, wie müde und hungrig Flossi ist, und bugsiert ihn in eine kleine sichere Bucht.

„Wie kommst du denn hierher und warum bist du kleiner Wal so ganz alleine?", fragt ihn der Delfin.

Der kleine Wal erzählt, wie er mit dem Seepferdchen gespielt und deshalb den Anschluss an die Walfamilie verloren hat. Seitdem irrt er nur im Meer herum, sehr hungrig und sehr traurig.

Der Delfin tröstet ihn und sagt: „Du musst erst einmal wieder zu Kräften kommen, bevor wir nach deiner Familie suchen."

„Gut!", antwortet Flossi.

„Dann folge mir", ruft der Delfin und schwimmt in ein sattgrünes Wassergrasfeld, der kleine Wal hinterher.

„Was wollen wir denn hier?", fragt der kleine Schwertwal etwas verwundert.

„Na, fressen!", antwortet der Delfin.

„Was soll ich hier denn fressen?" Der kleine Wal ist völlig entgeistert und sieht sich mit aufgerissenen Augen um.

„Na, Wassergras!", antwortet der Delfin.

„Aber Schwertwale fressen doch gar keinen Wassergras", erwidert Flossi.

„Das weiß ich auch und ich esse auch lieber Fische", sagt der Delfin streng, „aber etwas anderes gibt es hier nicht, und deshalb kann ich dir keine Fische fangen. Also überwinde dich und friss das Wassergras!"

Der kleine Wal ist etwas eingeschüchtert und fängt ganz vorsichtig an, an dem Wassergras zu knabbern. „Iiiih…! Das schmeckt doch eklig", schimpft er. „So was soll ich fressen?"

„Ja, denk einfach, das Wassergras ist ein leckerer Fisch!", sagt der Delfin nun sehr fürsorglich, „Denn wenn du nichts frisst, wirst du noch schwach und krank."

Also überwindet sich Flossi und frisst widerwillig das Wassergras.

Nach einiger Zeit ist Flossi richtig satt und fühlte sich schon wieder wohler.

„Na also, es geht doch, schmeckt doch fast so gut wie Fisch!", sagt der Delfin schelmisch. „So, und jetzt können wir die Sache mit deiner Mutter angehen."
Sofort fragt der kleine Wal: „Wie kann ich denn meine Mutter wiederfinden?"
„Oh", sagte der Delfin, „das wird nicht so einfach werden, wir müssen immer in Richtung Süden schwimmen und hoffen, dass wir sie finden. Aber keine Angst, ich begleite dich."
So schwimmt der Delfin in Richtung Süden und Flossi hinterher. Sie schwimmen und schwimmen und Flossi sieht, wie sich das Meer verändert, es wird bunter und heller. Wenn sie durch die Wasseroberfläche stoßen, um Luft zu holen, scheint die Sonne sehr warm auf ihre Köpfe.
„Spürst du auch, wie das Wasser wärmer wird? Die Sonne wärmt es auf", sagt der Delfin zu Flossi, „bald sind wir im Süden."
Als noch eine Weile vergangen ist, dreht der Delfin seinen Kopf und sagt zu Flossi: „Hier kannst du anfangen, deine Walfamilie zu rufen."
Der kleine Wal taucht auf, holt tief Luft und dann fängt er an zu rufen. So geht es viele Stunden lang, ohne dass er eine Antwort bekommt. Er will schon aufgeben, da hört er plötzlich ganz leise aus der Ferne die Rufe seiner Mutter. Aufgeregt schwimmt er zu dem Delfin: „Sie hat geantwortet! Sie hat geantwortet ..."
„Dann ruf weiter, damit sie dich finden kann", ermahnt ihn der Delfin.
So ruft Flossi weiter und weiter, bis die Antworten der Mutter immer deutlicher werden. Und dann dauert es nicht lange, da taucht die Walfamilie auf. Der kleine Wal schwimmt sofort zu seiner Mutter und sie begrüßt ihren vermissten Sohn ganz freudig, bevor sie ihn an der Flosse nimmt und kräftig ausschimpft: „Ich habe dir gesagt, du sollst immer an meiner Seite bleiben, warum hast du nicht auf mich gehört, dir hätte so viel passieren können."

Flossi sieht seine Mutter reuevoll an: „Du hast recht, wenn mich der Delfin nicht gefunden hätte, dann wäre ich verhungert, er hat mir sehr geholfen und ist mit mir den Weg nach Süden geschwommen."
Jetzt sieht die Walmutter den Delfin in einiger Entfernung. „Komm doch bitte zu mir, damit ich dir danken kann, dass du mir meinen kleinen Flossi wiedergebracht hast."
Der Delfin schwimmt zu den beiden und die Walmutter sagt: „Vielen Dank, dass du das für Flossi getan hast. Ich lade dich dafür zum Essen ein. Ich fange dir zum Dank einen großen Fisch."
Da fängt Flossi an zu lachen und sagt mit einem Augenzwinkern: „Fische mag der Delfin nicht, ich glaube, der frisst lieber Wassergras."
Der Delfin schaut den kleinen Wal zuerst etwas böse an und dann lacht er. Denn er hat verstanden, warum Flossi das gesagt hat, und beide erzählen der Walmutter, was am Wassergras so lustig ist. Denn durch dieses Wassergras ist Flossi wieder zu Kräften gekommen und konnte die Suche nach seiner Mutter aufnehmen.
Aber jetzt bekommt er den größten Fisch, den die Walmutter finden kann, bevor er sich auf den Heimweg macht.
Flossi und seine Familie bleiben im Süden, bis es Zeit wird, zurück in den Norden zu schwimmen. Auf dieser Reise bleibt Flossi an der Seite seiner Mutter, denn er will sie nicht noch einmal verlieren, und kommt ohne Zwischenfälle im Norden an.

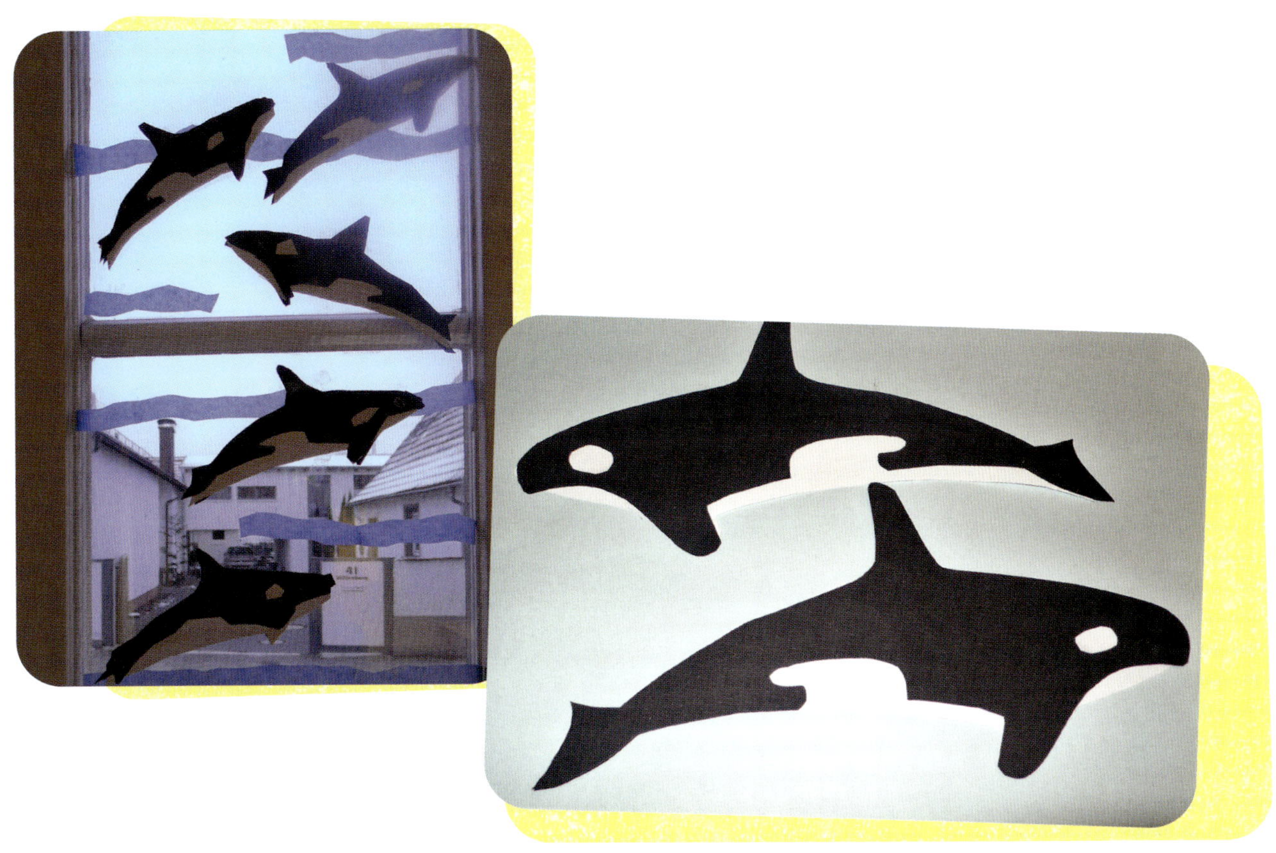

19 Schwertwal-Deko

KREATIVAKTION

ALTER ab 4 Jahren

ZIELE Feinmotorik, Kreativität

MATERIAL Bild eines Schwertwals, Schere, Kleber, Kopiervorlage „Bastelvorlage Schwertwal“, Tonkarton in Schwarz und Weiß, Bleistift

Die Kinder gestalten einen Schwertwal, der anschließend auf unterschiedliche Weise als Dekoration dienen kann.

Kommen Sie mit den Kindern an einem Tisch zusammen und zeigen das Bild des Orcas. Somit leiten Sie auf die folgende Bastelaktion über. Zeichnen Sie die Vorlage des Orcas auf den weißen Tonkarton und das Teilstück des Körpers auf den schwarzen Tonkarton. Die Kinder schneiden beide Teile aus und kleben sie übereinander.
Der fertige Orca kann jetzt auf verschiedene Arten Verwendung finden. Die Kinder kleben ihn auf ein blaues Blatt und gestalten eine Unterwasserwelt. Er kann auch als Fensterdekoration genutzt werden. Dann sollte der schwarze Teil noch einmal ausgeschnitten und auf der zweiten weißen Seite aufgeklebt werden.

20 Ein Orca aus Ton

KREATIVAKTION

ALTER ab 3 Jahren

ZIELE Feinmotorik, Kreativität, Sachwissen „Werkstoff Ton“, taktile Wahrnehmung

MATERIAL selbsttrocknender weißer Ton (für vier Kinder etwa 1 Kilo), Messer, Wachstischdecke, Wasser, Schälchen, Bild eines Schwertwals, schwarze Acrylfarbe, Pinsel, Klarlack

Ton ist ein Material, das für Kinder jeden Alters passend ist. Sie können die Masse kneten, teilen und formen. Durch dieses spielerische Ausprobieren schulen Kinder ihre Geschicklichkeit und lernen das Material kennen.

Kommen Sie mit den Kindern an einem mit einem Wachstischtuch abgedeckten Tisch zusammen. Zeigen Sie den Kindern das Bild des Orcas und besprechen das Aussehen des Wals. Zeigen Sie den Kindern den Ton und lassen sie ihn auch befühlen. Teilen Sie an jedes Kind ein Stück Ton aus in der Größe eines Tennisballes. Möchten sich die Kinder daraus ihren eigenen Orca formen?

Legen Sie Messer bereit, falls die Kinder den Ton teilen oder Formen einritzen möchten. Achten Sie darauf, dass die Einzelteile wie die Flossen gut mit dem Körper verstrichen werden, da sie sonst nach dem Trocknen wieder abbrechen können. Sind die Kinder mit der Form ihres Orcas zufrieden, legen Sie ihre Wale zum Trocknen auf eine geeignete Unterlage. Beim Formen des Wals kommt es nicht darauf an, dass die fertigen Wale möglichst ähnlich oder perfekt werden. Im Mittelpunkt steht natürlich die Freude am Gestalten mit dem weichen Material. Nach zwei bis drei Tagen ist die Masse getrocknet. Falls nicht, können die Kinder die Wale auf die trockene Seite legen und noch einen oder zwei weitere Tage trocknen und aushärten lassen. Dann geht es ans Bemalen der Wale mit schwarzer Farbe. Dann wieder gut trocknen lassen, bevor der Wal als Spielzeug benutzt werden kann. Um die Farbe haltbarer zu machen, können Sie den getrockneten Wal noch mit Klarlack überziehen.

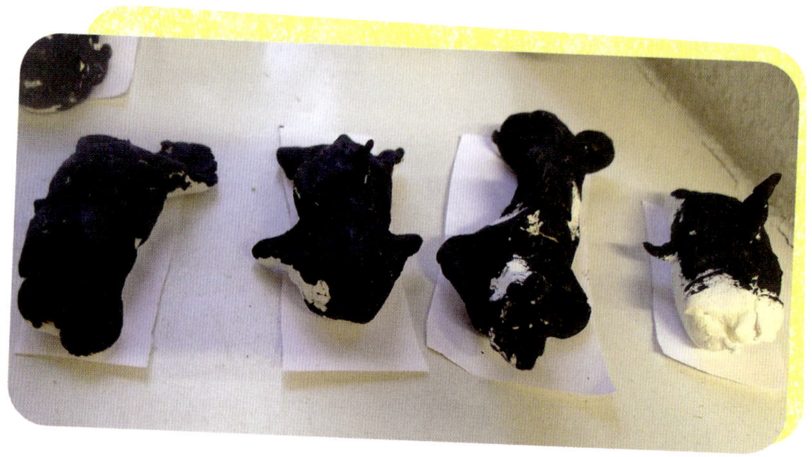

21 Walkekse

BACKEN UND KOCHEN

ALTER ab 3 Jahren

ZIELE Arbeitsabläufe erfassen, Materialkunde

MATERIAL Backpapier, Rührschüssel, Backblech, Rührgerät, Wellholz, Küchenwaage, Messer, Kuchenpinsel, Ausstechform „Wal"

ZUTATEN FÜR DEN TEIG *(ergibt ca. vier Bleche)* 450 g Mehl, 225 g Butter, 225 g Zucker, 2 Eier, 2 Pack. Vanillezucker

ZUTATEN FÜR DIE DEKORATION Lebensmittelfarbe, 250 g Puderzucker, 3–4 Esslöffel Wasser, nach Wunsch Zuckerperlen

Kleine Wale zum Aufessen aus Keksteig: Diese Plätzchen machen nicht nur Spaß, sondern sie schmecken superlecker. Toll, wenn die Kinder noch weitere kleine Meeresbewohner aus dem Teig kneten und backen!

Da der Teig ein paar Stunden im Kühlschrank verbringen muss, bereiten Sie ihn am besten schon am Vortag zu. Dazu einfach alle Zutaten zu einer festen Masse verarbeiten.
Jedes Kind bekommt eine Kugel Teig (etwas weniger als ein Tennisball). Die Kinder kneten den Teig kurz und rollen ihn ca. 0,5 cm dick aus. Die Ausstechform in den Teig drücken. Den Teig um die Form entfernen und den ausgestochenen Teig auf das Backblech legen. Die Walkekse im vorgeheizten Backofen bei 200 Grad ca. 15 Minuten backen.
Nach dem Auskühlen können die Kinder die Kekse ausgestalten. Dazu den Zuckerguss herstellen. Den Puderzucker in eine Schüssel geben und nach und nach das Wasser hinzugeben. Beides so lange mit einem Schneebesen verrühren, bis eine glatte Masse entsteht. Dann die blaue Lebensmittelfarbe dazugeben.
Die Kinder können mit dem Pinsel den blauen Guss auf den Keks geben. Eine Zuckerperle kann als Auge aufgeklebt werden. Nach dem Festwerden sind die Kekse fertig zum Essen.

22 Walfangspiel

KREATIVAKTION MIT SPIEL

ALTER ab 3 Jahren

ZIELE Feinmotorik, Geschicklichkeit

MATERIAL blaues DIN-A4-Blatt, Tonkarton in Blau, Schere, Kleber, Holzperle, ca. 1 cm Durchmesser, Wolle, Klebefilm, Kopiervorlage „Fangbecher", Lochzange oder Nagelschere

Dieses witzige Fangbecherspiel ist ganz einfach in seiner Herstellung und begeistert die Kinder. Doch Achtung: Es erfordert schon ein bisschen Geschicklichkeit, die Kugel in das „Maul" des Wals zu befördern.

Möchten sich die Kinder ihr eigenes Fangspiel gestalten? Dazu können sie das DIN-A4-Papier durch eine diagonale Faltung in ein Quadrat verwandeln. Diese Faltung braucht man nicht mehr zu öffnen.
Die Kinder legen das Blatt so hin, dass die lange Seite zum Körper zeigt. Nun die untere Ecke diagonal falten. Darauf achten, dass die obere Kante der gefalteten Ecke parallel ist zur unteren Kante. Das Ganze mit der anderen Seite wiederholen.
Der „Fangbecher" ist schon zu erkennen.
Jetzt das obere Papier von der Spitze her nach unten falten. Das Papier umdrehen und die Spitze auch von der anderen Seite nach unten falten. Fertig ist der Fangbecher.

Die Kopiervorlage „Fangbecher" für das Maul, Fluke und Finne auf den Tonkarton übertragen. Die Kinder schneiden die Einzelteile aus. Die Halbkreise werden an der Öffnung des Bechers angeklebt, die Fluke unten und die Finnen rechts und links des Bechers.
Zum Schluss mit einer Lochzange oder einer Nagelschere ein kleines Loch an einer Seite in den Becher stanzen bzw. schneiden. Von der Wolle circa 20 Zentimeter abschneiden, durch das Loch ziehen und verknoten. Auf der anderen Seite der Schnur die Holzperle anbinden.
Jetzt kann das Walfangspiel ausprobiert werden. Die Kugel wird in die Luft geschwungen und mit dem Becher gefangen.

TIPP Je länger die Schnur ist, desto schwieriger wird es, die Kugel in das „Maul" des Wals zu bekommen.

4

WALFAMILIE: DELFINE

Delfine faszinieren die Menschen seit jeher. Einer Legende nach sind sie Boten der Götter, die Schiffbrüchige retten. Der Delfin ist ein Tier, das sehr neugierig und verspielt ist und ein scheinbar immerwährendes Lächeln trägt.

Der Große Tümmler

Der große Tümmler hat seinen Beinamen „groß" wirklich zu Recht erhalten, denn er ist fast vier Meter lang! Seinen großen Bekanntheitsgrad erlangte er durch die Sendung „Flipper". Delfine sind sehr sozial und hilfsbereit und sorgen sich um kranke oder gebärende Tiere. Diese Hilfsbereitschaft wird für die Delfintherapie genutzt. Eine Delfingruppe wird nicht Schwarm oder Herde genannt, sondern der Begriff „Schule" wird für sie verwendet. Dieser Begriff wurde gewählt, weil sich Delfine aller Altersgruppen und auch kranke Tiere in solch einer Gruppe befinden. Die Delfine passen aufeinander auf, lernen voneinander und unterstützen sich. Deshalb ist der Begriff „Schule" so passend.

23 Großer Tümmler

SACHGESPRÄCH

ALTER ab 4 Jahren

ZIELE Sachwissen, Aufmerksamkeit

MATERIAL Bild eines Delfins (Großer Tümmler), Zollstock, Kopiervorlage „Malvorlage Delfin", Farbstifte, Schere, Klebefilm

Es gibt circa 38 verschiedene Delfinarten, zu denen auch der Orca gehört. In diesem Sachgespräch geht es aber um den Großen Tümmler, den wohl bekanntesten Delfin unter allen Delfinarten.

Gehen Sie mit den Kindern auf die Suche nach Delfinfotos und -videos, etwa im Internet, in Bildbänden oder in Ihrer Kita-Bibliothek. Gucken Sie sich gemeinsam vor allem die „Gesichter" von Delfinen an. Fällt den Kindern etwas auf? Sieht ein Delfin nicht immer so aus, als würde er lächeln? Der Große Tümmler ist ein ganz besonderer Delfin unter den verschiedenen Delfinarten. Das Besondere an ihm ist seine lang gezogene Schnauze, die ihn von den anderen Walen unterscheidet.

Der große Tümmler ist bläulich oder grau gefärbt, der Bauch ist meistens heller.
Die Tümmler tauchen nicht so tief und auch nicht so lang wie die anderen Wale, sondern nur circa 20 Minuten. Deshalb sieht man sie öfters an der Wasseroberfläche.
Der Große Tümmler ist nicht gerne alleine, er lebt meist in einer Gruppe mit bis zu 15 anderen Tieren. Sie jagen gemeinsam und beschützen sich gegenseitig. Die Forscher vermuten, dass die Delfine miteinander sprechen. Sie haben herausgefunden, dass Delfine über 100 verschiedene Laute von sich geben. Sie zirpen, klicken, pfeifen, schreien, rufen, stöhnen und quietschen. Doch keiner weiß genau, was diese Laute bedeuten.
Sie können mit den Kindern die Laute der Delfine anhören, die als Video- oder Tonaufnahmen im Internet angeboten werden. Können die Kinder die Laute nachmachen?
Delfine haben auch eine besondere Art zu schlafen. Sie schlafen nur mit einer Seite ihres Körpers. Das heißt, dass während dieses Schlafs ein Auge offen ist und auch eine Flosse sich bewegt, damit der Delfin weiterschwimmt.

Teilen Sie an die Kinder die „Malvorlage Delfin" aus. Die Kinder bemalen diese und nach dem Ausschneiden reiht sich der Delfin auf das Meer (Mülltüte) zu den anderen Walen ein, die bereits bei anderen Aktionen aufgeklebt wurden.

24 Schwimmen mit dem Delfin

FANTASIEREISE

ALTER ab 4 Jahren

ZIELE Fantasie, Entspannung, Zuhören

MATERIAL eine weiche Unterlage, Meditationsmusik, Blätter, Stifte

Die Fantasiereise lädt die Kinder ein, zur Ruhe zu kommen und sich die spielenden Delfine im Meer vorzustellen.

Den Raum etwas abdunkeln und leise die Meditationsmusik im Hintergrund laufen lassen. Die Kinder legen sich auf eine weiche Unterlage. Bitten Sie die Kinder, es sich auf der Unterlage gemütlich zu machen, ruhig liegen zu bleiben und die Augen zu schließen. Beginnen Sie mit dem Vorlesen der Fantasiereise.

Geschichte

Du liegst ganz gemütlich und bequem auf der Unterlage. Du wirst ganz ruhig und atmest ein und aus. Du schließt die Augen.
Stell dir vor, du bist am Strand. Du liegst im Sand und spürst diesen Sand unter dir. Der Sand ist warm und angenehm. Von oben scheint die Sonne und du fühlst dich wohl. Das Meer rauscht und du siehst hinaus in die Ferne. Kleine Wellen kommen langsam auf dich zu. Das Wasser kommt fast bis zu deinen Füßen.
Ein gleichmäßiges Rauschen ist zu hören, verursacht von den Wellen. Mitten im Meer kannst du etwas erkennen. Es ist ein Delfin und er schwimmt auf dich zu. Er kommt fast bis zum Strand. Dort streckt er seinen Kopf weit aus dem Wasser. Er lädt dich zu einer Reise über das Meer ein.
Gerne nimmst du die Einladung an. Du stehst auf und gehst langsam in das angenehm warme Wasser. Du gehst zu dem Delfin und er gestattet dir, dass du dich auf seinen Rücken legst und an den Flossen festhältst. Dann schwimmt er auf das Meer hinaus.
Ganz vorsichtig und langsam schwimmt er mit dir auf seinem Rücken, so kannst du ganz entspannt alles um dich herum beobachten. Möwen gleiten am Himmel entlang.
Unter dir siehst du viele kleine Fische. Sie sind bunt und wunderschön anzusehen.
Da tauchen noch weitere Delfine auf. Sie kommen näher und lassen sich von dir streicheln. Vergnügt schwimmen sie um dich herum und zeigen dir, wie schnell sie sind. Sie springen aus dem Wasser und zeigen dir kleine Kunststücke und sie pfeifen ein fröhliches Delfinkonzert. Es ist so wunderschön, dass du für immer bei den Delfinen bleiben möchtest. Doch leider ist die Zeit um und du musst heimkehren.
Der Delfin bringt dich zurück zum Strand. Dort angekommen lässt du die Flosse des Delfins los und gehst langsam aus dem Wasser. Du stellst dich an den Strand und schaust ihm nach, wie er wieder in das weite blaue Meer schwimmt. Immer kleiner wird er, bis er ganz verschwunden ist.
Atme nun tief ein und aus. Strecke und recke dich. Öffne die Augen und wenn du bereit bist, kannst du dich langsam aufsetzen.

Wenn alle Kinder sitzen, soll die ruhige Atmosphäre noch etwas auf sie wirken. Sie dürfen sich ein Blatt nehmen. Mit Stiften malen sie zu leiser Hintergrundmusik ein Bild zur Fantasiereise.

25 Drei Freunde im Ozean

GESCHICHTE

ALTER ab 4 Jahren

ZIELE Zuhören, Aufmerksamkeit, Fantasie

MATERIAL Sitzkissen

Ein Blauwal, ein Delfin und ein Hai schließen in dieser Geschichte eine Freundschaft fürs Leben. Die Kinder können sich noch weitere Abenteuer ausdenken, die die drei Freunde gemeinsam erleben, und vielleicht ein Meeres-Freundebuch dazu malen.

Laden Sie die Kinder zu einem Sitzkreis ein und lesen ihnen die Geschichte von den drei Freunden im Ozean vor.

Geschichte

Im großen weiten Ozean lebt ein riesiger Blauwal. Er heißt Bobby und ist ein ganz gemütlicher und freundlicher Wal, den nichts aus der Ruhe bringt.

Bobby hat sich heute den ganzen Tag langsam durchs Wasser treiben lassen, doch jetzt hat er Hunger. Und wie es für einen Blauwal üblich ist, macht er sein riesiges Maul auf und nimmt einen kräftigen Schluck Wasser. So nimmt er das schwimmende Futter auf. Meistens sind das kleine Garnelen und Krebse. Dann schließt er sein Maul und schiebt das Wasser mit seiner Zunge wieder aus dem Maul. Dabei filtert er das Wasser durch die Barten, die sich an seinem Oberkiefer befinden und aussehen wie ein riesiger Kamm.

Als er so am Fressen ist, hört er ein Blubbern an seiner Seite. Delphi ist neben ihm aufgetaucht. Delphi ist ein Delfin und er frisst, anders als Bobby, gerne Fisch. Die beiden sind die besten Freunde und das ist eine seltsame Freundschaft, denn normalerweise haben Blauwale und Delfine nichts miteinander zu tun.

Aber warum verstehen diese beiden sich so gut? Delphi kann wunderbar Geschichten erzählen und Bobby hört diese Geschichten gerne. So schwimmen sie gemeinsam durch den Ozean auf der Suche nach Futter.

Als Delphi einen Fisch erspäht, unterbricht er seine Erzählungen und schwimmt langsam auf den Fisch zu, um ihn zu fangen. Da sieht er einen Hai. Haie sind nicht seine Freunde. Das hat er mit Bobby gemeinsam, sie können Haie nicht leiden. Bobby und Delphi sehen, dass auch der Hai auf der Jagd nach dem Fisch ist. Deshalb schwimmt Delphi nun sehr schnell und Bobby feuert ihn an: „Los, Delphi, schnapp dir den Fisch, bevor ihn der Hai frisst."

Das macht Delphi auch, er überholt den Hai und will als Erster den Fisch fangen. Als er sicher ist, dass sich seine Beute hinter einer Wand von Korallen versteckt, schwimmt er schnell um die Korallen herum. Aber er fängt keinen Fisch, sondern muss erstaunt feststellen, dass er gefangen ist, und zwar in einem Netz. Dieses Netz hat ein Angler ins Wasser gehängt, um Fische zu fangen. Voller Panik rudert Delphi mit seinen Flossen, um sich wieder zu befreien. Doch leider wickelt er sich immer mehr in das Netz ein. So hat er sich die Jagd nicht vorgestellt. Bobby, der alles beobachtet, weiß nicht, was er nun machen soll. Wie kann er seinem Freund

nur helfen? Da schiebt sich ein anderer Fisch in sein Blickfeld. Es ist der Hai, dem Delphi noch vor ein paar Sekunden sein Fressen wegschnappen wollte. Bobby bekommt es mit der Angst zu tun. Will der Hai etwa seinen Freund fressen? Er macht sich bereit, den Hai anzugreifen, als er erstaunt feststellt, dass der Hai mit Delphi redet.

„Du hast dich wohl fangen lassen, oder? Halt still, ich beiße mit meinen scharfen Zähnen ein Loch ins Netz", sagt der Hai.

Der Hai macht sein Maul auf und reißt mit seinen spitzen Zähnen das Netz entzwei. Delphi überlegt nicht lang und beißt auch vorsichtig ins Netz hinein, um es so noch weiter auseinanderzuziehen. Es dauert nur einen Moment, dann ist er frei.

„Warum hast du mir geholfen? Ich wollte dir doch das Fressen wegschnappen", sagt Delphi. Die beiden schauen sich an.

„Ich konnte dich dort nicht lassen, auch wenn du mir fast mein Fressen geklaut hast. Wir fressen halt beide gerne Fisch, so ist die Natur. Aber ich wollte dich retten, denn von einem Netz darf keiner gefangen werden."

Delphi weiß gar nicht, was er sagen soll. Er bedankt sich bei dem Hai und schwimmt zu Bobby, der richtig froh ist, dass seinem Freund nichts passiert ist.

Schon am nächsten Tag ist der Schrecken fast vergessen und Bobby und Delphi gehen wieder gemeinsam auf die Suche nach leckerem Essen. Als sie eine lange Schnur im Wasser sehen, sind sie neugierig und schwimmen an der Schnur entlang. Sie folgen ihr bis an die Wasseroberfläche. Dort entdecken sie einen Menschen. Es ist ein Angler, der eine große Angel in der Hand hat. Dieser Angler will auch einen Fisch fangen. Bobby und Delphi sehen, wen der Angler fangen will. Vor dem Boot des Anglers schwimmt in panischer Angst ein Hai hin und her. Es ist der gleiche Hai, der Delphi das Leben gerettet hat. Nur ist dieses Mal sein Leben in Gefahr. Der Delfin denkt nicht lange nach. „Los, komm, wir müssen dem Hai helfen!"

Bobby und Delphi schwimmen los. Der Angler hat den Hai genau im Visier, als er plötzlich nass wird. Er schaute in die Richtung, aus der die Wassertropfen kommen, und sieht einen Delfin durchs Wasser flitzen. Doch dann wird er aus der anderen Richtung schon wieder mit Wasser bespritzt. Der Angler traut seinen Augen nicht, dort schwimmt nun Bobby. Der Blauwal schwimmt ganz nah an das Boot des Anglers heran und hebt seine riesige Schwanzflosse aus dem Wasser. Diese lässt er mit einem riesigen Platsch auf die Wasseroberfläche aufklatschen und so schaukelt das Boot des Anglers kräftig hin und her.

Der Angler kann nun nicht mehr angeln und muss aufpassen, dass er nicht ins Wasser fällt. So können Delphi und Bobby abtauchen in die Tiefe des Ozeans. Aber weit kommen sie nicht, denn sie treffen auf den Hai. „Hey, ihr zwei, wartet mal. Warum habt ihr mir geholfen?"

Delphi überlegt nicht lang, ihm ist die Antwort sofort klar. „Weißt du, du hast mich gerettet. Deswegen fand ich es richtig, auch dich zu retten. Und Freunde machen das für ihre Freunde." Helmi, so heißt der Hai, freut sich sehr über diese schönen Worte. Denn normalerweise ist niemand freundlich zu ihm und alle anderen Fische meiden ihn. Darum begleitet er Delphi und Bobby auf ihrem Weg durch den Ozean, bis er sich verabschiedet. „Bis zum nächsten Mal, wir werden uns bestimmt wiedertreffen."
So war es auch, sie trafen sich immer wieder und wurden die besten Freunde, die immer aufeinander aufpassten.

26 Lukas will nach Hause

BEWEGUNGSAKTION

ALTER ab 3 Jahren

ZIELE Bewegungsfreude, Grobmotorik, Hilfsbereitschaft

MATERIAL Bild eines Delfins, Matten, Kriechtunnel, Teppichfliesen, Rutschbahn für die Sprossenwand, Tisch, Kasten, vier Stühle

Heute wird der Bewegungsraum zu einem Ozean. Bei diesem Erlebnisturnen kann jedes Kind selbstständig für sich eine Auswahl der verschiedenen Übungen treffen. Bei „Lukas will nach Hause" begleiten die Kinder einen Delfin und helfen ihm, was die Kinder zum Mitmachen motiviert.

Bevor es losgeht, bauen Sie den Parcours auf:

- Vor die Sprossenwand eine Matte legen
- Stühle in einer Reihe mit einem Abstand von circa 30 cm zueinander aufstellen
- Kriechtunnel auslegen – alternativ kann unter der Reihe mit Stühlen hindurchgekrochen werden.
- Teppichfliesen hintereinanderlegen
- Rutschbahn in einen Kasten hängen
- Langbank frei im Raum aufstellen

Lesen Sie sich die Geschichte durch, damit Sie den Ablauf und die Reihenfolge der Übungen kennenlernen. Holen Sie die Kinder in den Bewegungsraum und erzählen Sie im Sitzkreis, dass die Kinder heute einen Besuch bei Lukas dem Delfin machen, dem etwas Schlimmes passiert ist. Er hat nicht auf seinen Weg geachtet und ist in einem kleinen Bach gelandet. Doch jetzt möchte er zurück ins Meer. Fordern Sie die Kinder auf, Lukas zu begleiten und ihm zu helfen, den richtigen Weg zu finden.
Die Kinder stellen sich alle hin und die Bewegungsgeschichte beginnt.

Geschichte

Schüttelt jetzt mal eure Arme und Beine aus, denn es ist ein weiter Weg ins Meer.
aufstehen und Arme und Beine schütteln

Zuerst schwimmen wir mit Lukas den Bach entlang, in dem er gelandet ist.
durch den Raum laufen und dazu Schwimmbewegungen machen

Bemerkt ihr es auch, das Wasser wird schneller und schneller.
Rennen

Oh, wir werden nach oben gespült und – Achtung! – Was ist das? Wir fallen einen Wasserfall hinunter.
an der Sprossenwand 3–5 Sprossen hochklettern und runterspringen

Geht's euch allen gut? Ja, dann schnell weiter. Lukas hat es auch geschafft, den Wasserfall hinunterzukommen.
durch den Raum laufen

Bemerkt ihr, der Bach wird breiter – er wird ein Fluss, Lukas hat jetzt viel mehr Platz zum Schwimmen.
Arme ausbreiten

Hier wachsen aber viele Wasserpflanzen, da schwimmen wir rauf und runter.
über die Stühle steigen

Ja, was ist denn das für ein Rohr? Kommt, da schwimmen wir durch. Lukas kann das auch, das Rohr ist gerade groß genug für ihn.
durch den Kriechtunnel kriechen

Wo sind wir denn jetzt? Da hängen ja Netze im Wasser, denen müssen wir ausweichen. Also auf diesem Weg bleiben und aufpassen. Auch Lukas muss aufpassen, der ist ja noch viel größer als wir.
über die Teppichfliesen gehen

Jetzt lasst uns schnell weiterschwimmen.
durch den Raum rennen

Spürt ihr das auch, das Wasser wird anders, ich glaube, es wird salzig.
stehen bleiben

Weit kann das Meer nicht mehr sein, kommt, wir schwimmen unter dieser Brücke durch.
unter der Langbank durchkriechen

Jetzt wird der Fluss immer breiter. Halt, wer hat denn da eine Mauer unter Wasser gebaut? Da schwimmen wir rüber.
über die Langbank laufen

Ich sehe ja gar kein Ufer mehr … so viel Wasser, ja, da muss ich doch einen Super-Freude-Sprung machen.
hochspringen und auf einer Matte landen

Ich glaube, das Meer ist nicht mehr weit, wir schwimmen noch diesen Unterwasserberg hoch und wieder runter.
den Kasten hochsteigen und an der eingehängten Rutschbahn wieder runterrutschen

Da vorne ist das blaue Meer. Kommt, wir schwimmen um die Wette, wer sitzt zuerst auf dem schönen blauen Fleck?
auf eine Matte setzen

Das war eine lange und anstrengende Reise, aber wir sind endlich da. Auch Lukas ist froh, dass er wieder in seinem großen Meer schwimmen kann. Er bedankt sich, dass ihr ihn begleitet habt. Er bittet uns, noch etwas zu bleiben und das Meer zu erkunden.

Laden Sie die Kinder ein, sich frei im Parcours zu bewegen. Dabei können die Kinder verschiedene Übungen nach eigenen Ideen wiederholen oder Neues ausprobieren.

TIPP Wenn Sie ein Delfin-Kuscheltier zur Verfügung haben, können Sie auch dieses benutzen, so werden die Kinder noch besser auf die Bewegungseinheit eingestimmt.

27 Treffen der Delfine

SPIELAKTION

ALTER ab 4 Jahren

ZIELE mathematische Grunderfahrungen, Zählen üben

MATERIAL blauer Tonkarton, Kopiervorlage „Malvorlage Delfin"

Mathematische Grunderfahrungen können die Kinder bei diesem Spielabenteuer sammeln. Durch Dazulegen und Wegnehmen von Dingen fällt Kindern im Vorschulalter leicht, was später in der Schule Plus- und Minusaufgaben heißen wird.

Für diese Beschäftigung kopieren Sie die Malvorlage Delfin zehnmal. Die Kinder können beim Bemalen und Ausschneiden mithelfen.

Kommen Sie mit den Kindern zu einem Sitzkreis zusammen und legen den blauen Tonkarton in die Mitte. Holen Sie einen Delfin hinzu und fragen die Kinder, ob sie sich noch an ihn erinnern und wissen, wer das ist. Anschließend beginnen Sie die Geschichten vom Treffen der Delfine zu erzählen.

Geschichte

Heute habe ich euch einen Delfin mitgebracht. Der Delfin lebt in diesem schönen blauen Meer. Mit ihm leben viele andere Delfine dort und alle treffen sich heute.
Legen Sie die zehn Delfine in den Teich.

Das sind jetzt sehr viele Delfine, soll ich sie mal zählen?
Deuten Sie auf die Delfine.

Eins, zwei, drei, vier, nein, das war falsch, ich glaube, den Delfin habe ich zweimal gezählt, noch mal von vorn.
Zählen Sie die Delfine, verzählen Sie sich ein paarmal, indem Sie auf einige Tiere doppelt zeigen oder welche auslassen.

Eins, zwei, drei, vier, fünf, sechs, sieben, genau, es sind sieben Delfine im Meer.
Warten Sie ab, ob die Kinder ihren Fehler bemerken, und dann zählen Sie die Delfine gemeinsam. Dazu können Sie diese in eine Reihe legen, damit man sie leichter zählen kann. Beginnen Sie jetzt mit den einfachen Rechenübungen, bei diesen schwimmen die Delfine immer wieder weg oder schwimmen zurück.

Alle zehn Delfine schwimmen und spielen ganz vergnügt im Meer, doch da werden drei gerufen. Sie müssen nach Hause.
Drei Delfine werden entfernt und die Kinder nennen die Anzahl der noch verbliebenen Delfine im Meer.

Sieben Delfine schwimmen herum und schwups, ist noch einer weg.
Ein Delfin wird entfernt und die Kinder nennen die Anzahl der Delfine im Meer.

Sechs Delfine schwimmen im Kreis herum, da kommen zwei zurück und reihen sich gleich wieder bei den schwimmenden Delfinen ein.
Zwei Delfine dazulegen und die Kinder nennen die Anzahl.

Acht Delfine spielen Verstecken und schon sind vier weg.
Vier Delfine werden entfernt und die Kinder nennen die Anzahl.

Drei weitere suchen auch so schnell es geht das Weite.
Drei Delfine werden entfernt und die Kinder nennen die Anzahl.

Nur noch einer schwimmt einsam im Meer, das ist ihm aber zu öde. Er ruft und zwei kommen zugleich.
Zwei Delfine dazulegen und die Kinder nennen die Anzahl.

Nun sind sie zu dritt, da hören sie ein Geräusch und schnell verschwinden sie.
Drei Delfine werden entfernt.

Nun ist kein Delfin mehr zu sehen, doch das bleibt nicht lange so. Einer nach dem anderen kommt zurück, denn im Meer zu schwimmen ist wunderschön.
Legen Sie einen Delfin nach dem anderen wieder in den Teich und zählen Sie mit den Kindern dabei mit.

Die Kinder können die Geschichte auch völlig frei und nach eigenen Ideen nachspielen. Oder die Kinder legen Rechen-Rätselbilder, indem sie Delfine auslegen und andere Kinder oder einen Freund zählen lassen. Jüngere Kinder, die sich fürs Zählen und Rechnen interessieren, können die Übung auch mit verringerter Anzahl von Tieren ausprobieren.

28 Ballschwimmtag bei den Delfinen

MITMACHGESCHICHTE

ALTER ab 5 Jahren

ZIELE Rechts-links-Orientierung, Konzentration, Merkfähigkeit

MATERIAL Schere, Wolle, Tennisball oder Muschel für jedes Kind

Mit einer Mitmachgeschichte ein Gefühl für links und rechts entwickeln? In diesem Meeresabenteuer zum Mitmachen laden Delfine die Kinder zum Mitschwimmen ein.

Lesen Sie sich die Geschichte vor der Beschäftigung durch, damit Sie sich die Bewegungsabläufe einprägen. So können Sie während des Vortragens mehr auf die Kinder achten. Sie müssen die Geschichte auch nicht wortwörtlich vortragen, sondern einfach so, wie Sie sie in Erinnerung behalten – und mit möglichst vielen Rechts- und Links-Bewegungen.
Im Sitzkreis stellen Sie sich den Kindern als Delfin vor – und schon kann die Geschichte beginnen.

Geschichte

Als ich heute Morgen erwachte, war irgendetwas anders als sonst. Doch ich konnte mir nicht erklären, was das sein könnte. Ich schaute nach links und nach rechts und dann wieder nach links. Alles schien an seinem richtigen Platz zu sein. Doch plötzlich fiel es mir ein: Heute ist ein besonderer Tag im Meer, heute ist Spielschwimmtag für uns Delfine. Wisst ihr, was das ist? Da schwimmen wir Delfine alle mit einer Muschel. Wollt ihr auch mitschwimmen?
Jedes Kind nimmt sich eine Muschel/einen Tennisball.

Jeder von euch hat jetzt einen Ball und ihr spielt einfach mit entweder nach euren Ideen oder meinen Vorschlägen.
Die Delfine halten den Ball nicht mit den Händen, sondern mit ihren Flossen.
Zuerst halten wir alle den Ball mit der linken Flosse. Dann geht das Schwimmen auch schon los.
Die Kinder nehmen den Gegenstand in die linke Hand.

Das Besondere am Ballschwimmtag ist: Immer, wenn in der Geschichte links genannt wird, geben wir unseren Ball an unseren linken Nachbarn. So machen wir Delfine es auch. Deshalb macht alle mal mit.
Die Kinder geben den Gegenstand an ihren linken Nachbarn weiter.

Wenn in der Geschichte das Wort rechts genannt wird, geben wir den Ball an unseren rechten Nachbarn weiter.
Die Kinder geben den Gegenstand an ihren rechten Nachbarn weiter.

Haben das alle verstanden? – So, dann beginnt jetzt unsere Geschichte, also immer schön aufpassen, wenn rechts oder links genannt wird.

Heute schwimmen wir alle durch das Meer. Wir schwimmen mal einen Bogen **links** und wir schwimmen eine Kurve **rechts**.
Rechts wachsen wunderschöne Wasserpflanzen und **links** liegen viele Steine. Doch wir schwimmen weiter. Wir schauen nach **links**, wir schauen nach **rechts**, ob auch kein anderer Fisch uns verfolgt.
Vor uns ist jetzt ein Hindernis, das müssen wir umschwimmen. Sollen wir **links** um das Hindernis oder **rechts** um das Hindernis? Ich glaube, **rechts** ist der bessere Weg. Also **rechts** um das Hindernis. Und weiter, dann wieder nach **links** schauen und nach **rechts** schauen. Hach, schön ist es hier!
Ja, wer kommt denn da auf uns zugeschwommen? Ein riesiger Wal! **Rechts** und **links** hat er große Flossen, so kann er schnell **links** an uns vorbeischwimmen. Gut, dass er uns gesehen hat und nicht mit uns zusammengestoßen ist.
Jetzt machen wir eine kurze Pause.
Doch nicht alle Delfine wollen Pause machen, sie spielen mit ihrem Ball.
Wollt ihr auch mitmachen?
Dann steht mal alle auf und macht wieder die gleichen Bewegungen wie ich.
Der Ball ist in der **rechten** Hand und die strecken wir nach oben.
Wieder nach unten und schnell nach oben.
Der Ball kommt in die **linke** Hand und die strecken wir nun nach oben.
Wieder nach unten und schnell wieder nach oben.
Der Ball kommt in die **rechte** Hand und wir strecken den Arm nach vorne und wieder zurück.
Der Ball kommt in die **linke** Hand und wir strecken den Arm nach vorne und wieder zurück.
Die **linke** Hand geht mit dem Ball hinter den Rücken und die gibt dort der **rechten** Hand den Ball. Am Bauch vorne gibt die **rechte** Hand der **linken** den Ball und geht wieder nach hinten und gibt dort der **rechten** den Ball.
Die **rechte** Hand legt den Ball auf den Boden und die **linke** Hand hebt ihn wieder auf.
Jetzt legt die **linke** Hand den Ball auf den Boden und die **rechte** Hand hebt ihn wieder auf.
Die **rechte** Hand legt jetzt den Ball in die Mitte.
Der Ballschwimmtag ist nun für die Delfine zu Ende und alle schwimmen ohne Ball weiter und freuen sich schon auf den nächsten Ballschwimmtag.

HINWEIS Machen Sie zu allen Übungen immer mehrere Wiederholungen und kurze Pausen, bis alle Kinder den Ball weitergegeben oder die Übung ausgeführt haben.

TIPP Binden Sie jedem Kind einen Wollfaden als „Eselsbrücke" um die rechte oder linke Hand. Wichtig ist, dass Sie erst mit der Geschichte fortfahren, wenn alle Kinder den Ball in der richtigen Hand haben.

29 Fensterbild Delfin

KREATIVAKTION

ALTER ab 4 Jahren

ZIELE Feinmotorik, Fantasie, Kreativität

MATERIAL Kopiervorlage „Malvorlage Delfin", Transparentpapier in verschiedenen Blautönen, Klarsichtfolie, Kleister, schwarzes Tonpapier, Nadel, Faden, verschiedene Plastikdeckel, Schere

Kunststoffdeckel von Joghurt- oder Quarkbechern erleben hier eine zweite Geburt: Sie sind die „Bullaugen", durch die die Betrachter einen Blick ins Fantasiemeer der Kinder werfen können.

Rühren Sie den Kleister nach der Anleitung an. Sind die Plastikdeckel durchsichtig, brauchen Sie bei diesen keine Vorbereitung. Bei den anderen entfernen Sie das Innenteil und ersetzen es mit Klarsichtfolie, die Sie am Rand mit Kleber oder Klebefilm fixieren. Diese sollte so gut es geht gespannt sein.

Die Kinder reißen aus dem Transparentpapier Streifen und kleben sie waagerecht auf den durchsichtigen Teil des Deckels. Sie müssen nur darauf achten, dass keine Streifen über den Deckelrand hinausstehen und dieser komplett beklebt ist.
Die Kopiervorlage des Delfins passen Sie durch das Kleiner- oder Größerkopieren den Deckeln an und die Kinder übertragen die Vorlage auf das schwarze Tonpapier. Den Delfin nun ausschneiden und auf das blaue Transparentpapier kleben.
Nach dem Trocknen mit der Nadel ein Loch in den Deckel stechen und den Faden einziehen. Jetzt können die „Bilder" ans Fenster gehängt werden.

30 Bananendelfin

BACKEN UND KOCHEN

ALTER ab 5 Jahren

ZIELE Feinmotorik, Fantasie

MATERIAL Bananen, Trauben, Messer, wasserfester Stift, Schüssel

Ein Blickfang auf jedem Buffet sind Bananendelfine, die ihre Köpfe aus einem Meer aus Trauben strecken.

Gehen Sie mit den Kindern die Bananen und die Trauben gemeinsam einkaufen.

Setzen Sie sich mit den Kindern um einen Tisch und legen die Bananen dazu. Erklären Sie den Kindern, dass aus diesen Bananen Delfine entstehen sollen. Die Kinder betrachten und befühlen eine Banane genauer und lassen dabei ihre Fantasie spielen. Vielleicht ist die Idee, dass der schwarze „Strunk", die Schnauze oder das Maul des Delfins sein könnte.
Genauso wie der Körperbau eines Delfins hat die Banane eine gekrümmte Form. Zeigen Sie den Kindern, wie aus der Banane ein Delfin entsteht. Dazu schneiden Sie die schwarze Spitze der Banane ein und ziehen die Teile etwas auseinander. Damit die Schnauze des Delfins offen

bleibt, klemmen Sie eine Traube dazwischen. Mit dem wasserfesten Stift die Augen auf die Schale malen. Jetzt dürfen die Kinder die Bananen-Delfine nachgestalten. Sind alle Delfine fertig, werden diese mit den Trauben in einer Schüssel dekoriert. Die Hälfte der Banane (Kopf des Delfins) schaut dabei aus dem „Traubenmeer" heraus.

TIPP Halbieren Sie die Bananen, damit sie leichter in die Schüssel dekoriert werden können. Damit die Bananen nicht braun werden, können die Kinder sie mit etwas Zitronensaft beträufeln.

5

DIE WALE SCHÜTZEN

Bei einem Projektthema, bei dem es um das Meer und seine Riesenbewohner geht, sollte natürlich auch der Schutz der Wale thematisiert werden. In diesem Kapitel geht es darum, wie wir die Meerestiere in Zukunft besser schützen können.

31 Warum ist ein sauberes Meer wichtig?

EXPERIMENT

ALTER ab 4 Jahren

ZIELE Umweltschutz, Beobachtung

MATERIAL Blumenerde, fünf Schälchen, Kressesamen, fünf saubere Plastikflaschen mit je 0,5 Liter Wasser, Essig, Öl, Duschgel, Spülmittel

Wenn das Wasser in den Meeren sauber ist oder besser gesagt die Wasserqualität gut, dann geht es auch den Pflanzen und den Lebewesen darin gut. Doch was geschieht, wenn das nicht mehr zutrifft?

Die Kinder kommen zu einem Kreis zusammen und überlegen, wie das Wasser im Meer sein muss, damit die Wale dort gut leben können. Sie brauchen „sauberes" Meerwasser. Es sollte nicht schmutzig sein, da sonst die Tiere und auch die Pflanzen, die sie zum Überleben brauchen, nicht wachsen und gedeihen.
Übertragen Sie das auf Pflanzen, die im Garten oder besser gesagt in Blumentöpfen wachsen. Was passiert mit ihnen, wenn das Wasser verunreinigt ist?
Starten Sie mit den Kindern einen Versuch. Wachsen Pflanzen, wenn das Wasser verunreinigt ist?

In jedes der fünf Schälchen geben die Kinder Blumenerde und streuen Kressesamen darüber. Jetzt werden fünf Flaschen mit Wasser vorbereitet:

1. In die erste Flasche kommen zu dem Wasser zwei bis drei Löffel Spülmittel.
2. In die zweite Flasche kommen zwei bis drei Löffel Essig.
3. In die dritte Flasche kommen zwei bis drei Löffel Duschgel.
4. In die vierte Flasche kommen zwei bis drei Löffel Salatöl.
5. In der fünften Flasche bleibt das Wasser ohne Zusatz

Jedes der fünf Pflanzschälchen wird jetzt mit einem „Wasser" gegossen und die Flasche neben die Schälchen gestellt. Die Kinder können die Flaschen noch etikettieren und das gleiche Schild zu den Schälchen stellen, damit diese nicht verwechselt werden.
Jetzt heißt es 2–3 Tage warten und die Samen gießen, damit die Erde nicht austrocknet. Die Kinder beobachten, welche Kressesamen gedeihen, welche gar nicht wachsen oder nur sehr schlecht.
Am Ende der Versuchsreihe, ca. nach einer Woche, ziehen die Kinder Rückschlüsse. Sie beantworten sich selbst die Fragen, was geschieht, wenn das Wasser im Meer verschmutzt ist. Die Fische und Pflanzen sterben oder gedeihen schlecht. So können die Wale nur sehr schlecht „leben".

32 Stofftasche bemalen

KREATIVAKTION

ALTER ab 4 Jahren

ZIELE Umweltbewusstsein, Sprache, Feinmotorik, Kreativität, Fantasie

MATERIAL neutrale Stofftaschen, flüssige Stoffmalfarbe in Blau, Pinsel, andere Stoffmalfarben als Stifte, DIN-A4-Papierw

Im vorigen Experiment haben die Kinder erfahren, warum Plastikmüll belastend für unsere Meere ist. In diesem Beitrag erfinden die Kinder ihre eigenen Alternativen zur Plastiktüte.

Die Taschen für das Malen vorbereiten. Dabei sollten die Anweisungen für die Stoffmalfarben genau beachtet werden. Bei den meisten Farben sollten z. B. die Stoffe gewaschen sein. Danach mit Bleistift einen Wal auf die Tasche aufzeichnen. Hier können Sie eine der mitgelieferten Vorlagen verwenden.

Kommen Sie mit den Kindern zuerst zu einem Sitzkreis zusammen und zeigen eine neutrale Stofftasche. Jeder darf diese betrachten, anfassen und beschreiben. Danach erarbeiten Sie gemeinsam, für was man eine Stofftasche verwenden kann, z. B. zum Einkaufen und Sachentransportieren. Gemeinsam werden dann die Vorteile der Stofftasche gegenüber einer Plastiktüte oder auch Papiertüte erarbeitet:

- Man kann die Stofftasche sehr oft benutzen.
- Die Stofftasche ist stabiler als eine Plastiktüte oder Papiertüte.
- Wenn die Stofftasche schmutzig ist, kann man sie waschen.
- Eine Stofftasche kann viel schöner sein als eine Plastiktüte.

Mit diesem letzten Punkt schaffen Sie die Überleitung, dass jedes Kind seine eigene Stofftasche bemalen und gestalten kann. Damit es auch zum Projekt Wale passt, wird es eine Waltasche.

Die Kinder bemalen den Wal auf dem Stoffbeutel mit dem Pinsel und der blauen Stoffmalfarbe. Anschließend können sie auch die restliche Tasche als Unterwasserwelt mit den Stiften noch weiter ausgestalten.

Nach dem Trocknen der Farbe darf jedes Kind seine Tasche mit nach Hause nehmen.

TIPP Legen Sie in die Stofftasche ein DIN-A4-Blatt oder eine alte Zeitung, da die Stofffarben auch auf die andere Seite der Tasche durchdrücken können.

33 Müll im Meer

SACHGESPRÄCH

ALTER ab 4 Jahren

ZIELE Umweltbewusstsein, Sprache

MATERIAL Plastikbeutel, Brotdose, Brot, Stoffbeutel, Bild von Müll im Meer

Bei dieser Beschäftigung geht es um das Thema „Müll im Meer".

Suchen Sie im Internet nach einem Bild, dass Müll im Wasser zeigt. Kommen Sie mit den Kindern zu einem Sitzkreis zusammen und zeigen Sie ihnen das Bild.
Die Kinder sollen beschreiben, was auf dem Bild zu sehen ist. Sie werden den Müll als solchen erkennen und so erschließt sich die nächste Frage, ob es gut ist, dass der Müll im Wasser ist.
Müll im Meer ist aus verschiedenen Gründen sehr gefährlich. Denn er schwimmt nicht immer an der Oberfläche, sondern sinkt auch auf den Grund. Dort finden ihn die Tiere des Meeres und verwechseln ihn mit etwas zu fressen. Die Kinder sollen sich an den Bartenwal erinnern und wie er frisst.
Besonders schlimm ist eine bestimmte Sorte Müll, der Plastikmüll. Wissen die Kinder, welcher Müll aus Plastik ist? Dabei kann man sich auch den Wertstoffmülleimer einmal anschauen.
Joghurtbecher, Trinkjoghurt, Tüten, Verpackungen ...
Erzählen Sie weiter, dass der Müll aus dem Mülleimer von der Müllabfuhr abgeholt und in die Recycling-Anlage gebracht wird. Dort wird aus einem Teil des alten Plastiks wieder neues Plastik. So funktioniert der Kreislauf und weniger Müll gelangt in die Umwelt.
Allerdings gibt es auch Menschen, die ihren Plastikmüll einfach wegwerfen, etwa an den Straßenrand oder in Flüsse. So kann er mit der Zeit auch ins Meer gelangen. Plastik zersetzt sich nur sehr langsam und braucht viele Jahre.
Am allerbesten ist es, wenn Plastikmüll vermieden wird. Legen Sie als Beispiel das Brot in der Plastiktüte in die Mitte. Sammeln Sie mit den Kindern Ideen, wie hier Plastik vermieden werden kann. Als Beispiel dient eine Brotdose. Diese kann wiederverwendet werden. Vielleicht haben die Kinder noch weitere Beispiele, wie Plastikmüll vermieden werden kann. Sprechen Sie darüber.

Plastik im Meer

Über 10 Millionen Tonnen Müll gelangen jedes Jahr ins Meer. Davon sind 75 Prozent Plastik. Plastik wird kaum zersetzt und in diesem Zersetzungsprozess zerfällt es nur sehr langsam durch Sonne und Salzwasser in kleinere Bruchstücke. Diese können von Tieren sehr leicht beim Fressen verschluckt oder eingeatmet werden. Besonders die Bartenwale, die sich von kleinen Tieren ernähren, nehmen diese Teile auf.

34 Wir halten das Meer sauber

BEWEGUNGSAKTION

ALTER ab 3 Jahren

ZIELE Wissensvermittlung, Bewegungsfreude

MATERIAL sauberer Müll wie Plastikbecher, Papier, Kartonagen (20 bis 30 Teile), Rollbrett, großer Karton, Nudel-/Fleischzange

Durch diese Bewegungsaktion vermitteln Sie den Kindern, dass jeder seinen Teil dazu beitragen kann, das Meer und die Wale zu schützen oder, besser gesagt, seine Umwelt sauber zu halten.

Verteilen Sie vor dem Angebot den „Müll" im Bewegungsraum. Nach dem Betreten des Raumes sehen die Kinder diese „Unordnung". Setzen Sie sich mit den Kindern in einen Kreis und rufen ihnen das Angebot „Müll im Meer" in Erinnerung. Haben die Kinder Lust, heute das Meer zu säubern? Dazu können sich die Kinder zu Paaren oder Dreierteams zusammenfinden. Für jede Gruppe gibt es ein Rollbrett, einen Karton und eine Nudel-/Fleischzange. Der Karton wird auf das Rollbrett gestellt und ist nun ein Schiff, das über das Meer fährt. In diesen setzt sich ein Kind. Die anderen schieben den Rollwagen durch den Raum. Die anderen beiden Kinder sammeln mit Zangen den Müll ein und legen ihn in den „Wagen". Machen Sie nach Wunsch auch ein Wettspiel daraus: Wer am Ende den meisten Müll eingesammelt hat, hat gewonnen. Wenn also kein Müll mehr im Raum liegt, kommen alle zusammen und jede Gruppe zählt ihre Teile. Der Müll kann mehrmals wieder verteilt werden und die Kinder wechseln sich beim Einsammeln innerhalb ihrer Gruppe ab.
Schwieriger wird das Spiel, wenn sich die Müllabfuhren spezialisieren und eine Gruppe/ein Paar beispielsweise nur Plastik einsammelt, eine andere nur Papier/Kartonagen usw.

Zum Abschluss der Müllsammelaktion kommen Sie mit den Kindern noch einmal zu einem Kreis zusammen und erarbeiten den Sinn dieses Spieles. Dabei können die Kinder zu folgenden Erkenntnissen kommen:

- Es ist sehr schädlich, Müll in die Umwelt zu werfen.
- Der Müll im Meer ist gefährlich für die Tiere.
- Irgendjemand muss den Müll der anderen wegräumen.
- Wenn jeder seinen Müll ordentlich entsorgt, tut er der Umwelt etwas Gutes.

Klimawandel

Um den Klimawandel zu verstehen, stellt man sich die Erde mit einer Hülle ummantelt vor. Die Strahlen der Sonne können diese Hülle zum Teil durchdringen und treffen auf die Erdoberfläche. So bekommen wir von der Sonne Licht und Wärme, was wichtig für uns und alle anderen Lebewesen ist. Dieser nimmt einen Teil der Wärme auf und gibt gleichzeitig auch wieder Wärme ab. Diese abgehende Wärme kann die Hülle nicht mehr vollständig durchdringen und bleibt auf der „Erde". Die erhöhte Verschmutzung der Atmosphäre mit Gasen wie Kohlendioxid (CO2) und Methan führt dazu, dass die Erdatmosphäre immer dicker und somit für die zurückstrahlende Wärme noch undurchlässiger wird. In den letzten hundert Jahren stieg die Durchschnittstemperatur auf der Erde in manchen Regionen bereits um bis zu 2 Grad.

35 Der Klimawandel und die Wale, Teil 1

SACHGESPRÄCH

ALTER ab 5 Jahren

ZIELE Sachwissen, Verständnis

MATERIAL Bild der Erdkugel, DIN-A3-Blatt, gelben, blauen und schwarzen Stift, rotes Tonpapier, Schere, Spielzeugauto, Kleber

Auch Kinder haben vom Klimawandel schon gehört. Der sogenannte Treibhauseffekt wird als Ursache im Prozess des Klimawandels und der damit verbundenen Erderwärmung angesehen. In diesem Angebot machen Sie den Kindern die Wörter „Klimawandel" und „Treibhauseffekt" verständlich.

Drucken Sie aus dem Internet das Bild der Erde aus. Basteln Sie aus dem roten Tonpapier sechs Pfeile in einer Länge von 20 cm. Dazu schneiden Sie einfach Streifen von 1 cm Breite und an einer Seite eine Spitze.
Kommen Sie mit den Kindern zu einem Sitzkreis zusammen. Steigen Sie in das Thema mit einfachen Fragen über das Wetter ein:

- Wie ist das Wetter heute?
- Ist es kalt oder warm?
- Wie ist die Temperatur im Winter/Sommer?

Es gibt Menschen, die das Wetter und das Klima erforschen. Diese Wissenschaftler haben festgestellt, dass sich das Wetter und somit das Klima in den letzten Jahren geändert hat – es ist auf der Erde wärmer geworden. Gehen Sie darauf ein, was mit dem Wort „wärmer" gemeint ist. In diesem Zusammenhang stehen die Wörter „Treibhauseffekt" und „Klimawandel". Fragen Sie weiter, wer schon mal diese beiden Wörter gehört hat.

Klären Sie die beiden Begriffe durch Sachinformationen und mit dem Legematerial. Beziehen Sie die Kinder immer mit ein. Sie sollen beschreiben, was sie sehen. Ermuntern Sie sie nachzufragen, wenn etwas nicht verstanden wird.
Legen Sie das Plakat in die Mitte, auf eine Seite die Erde und auf die andere Seite malen die Kinder eine gelbe Sonne.
Beginnen Sie mit den Erklärungen:

Die Sonne schickt ihre Wärme auf unsere Erde.
Die Kinder dürfen 4–5 dicke Sonnenstrahlen in gelber Farbe von der Sonne bis zur Erde malen.

Die Erde ist umgeben von einer Schutzhülle, auch Gasschicht/Atmosphäre genannt.
In einem größeren Abstand von ca. 8 cm einen blauen Kreis um die Erde malen.

Diese Schutzschicht lässt die Sonnenstrahlen durch und hält die Wärme auf unserer Erde. Sie lässt aber auch etwas Wärme zurück ins All, damit es auf unserer Erde nicht zu heiß wird.
Die roten Pfeile werden über die Schutzhülle hinaus von der Erde weggelegt.

Jetzt gibt es aber ein Problem: Die Menschen auf der Erde verschmutzen diese Hülle. Wie machen das die Menschen? Geben Sie die Frage an die Kinder weiter. Eine Antwort wäre z. B. durch Autos. Damit ein Auto fahren kann, wird im Motor Benzin oder Diesel verbrannt. Dabei entstehen Stoffe, die für den Menschen und die Umwelt schädlich sein können, z. B. Kohlendioxid – ein Gas, das man nicht sehen oder riechen kann. Kohlendioxid ist aber dicker als die Sonnenstrahlen und kann somit nicht so einfach durch die Schutzhülle, es bleibt daher auf der Erde.
Ein Auto auf die Erde stellen und die Schutzhülle mit einem schwarzen Stift vor dem blauen Kreis dicker malen und zwei bis drei rote Pfeile verkürzen, damit sie an die Hülle stoßen.
Es können hier noch andere Beispiele angeführt werden, die zur Verschmutzung der Hülle führen, wie Fabriken oder Energie, z. B. Strom, der hergestellt werden muss und dadurch auch zur Verschmutzung beiträgt.

Das ist der Treibhauseffekt, der zum Klimawandel führen kann. Denn wenn zu viele Schadstoffe in der Luft sind, wird die Gasschicht um die Erde immer undurchlässiger. Dadurch entweicht die Wärme langsamer als früher und das kann für uns Menschen irgendwann gefährlich werden, da es zu heiß wird. Damit das nicht so schnell passiert, ziehen Sie mit den Kindern ein Fazit, was man tun kann. Zum Beispiel helfen Energiesparen und weniger Autofahren der Erde.

TIPP Wichtig ist es, den Kindern zum Schluss die Angst zu nehmen, dass es schon morgen zu heiß auf der Erde sein könnte.

36 Der Klimawandel und die Wale, Teil 2

SACHGESPRÄCH

ALTER ab 4 Jahren

ZIELE Sachwissen, Verständnis

MATERIAL Bild vom Nordpol/Eisberg, Eiswürfel, Schüssel, Zeitschriften, Schere und Kleber, DIN-A3-Plakat, Kopiervorlage „Fußabdruck“, Kopiervorlage „Malvorlage Blauwal“

Die Wale sind durch die steigende Temperatur betroffen, denn auch die Temperatur des Wassers im Meer steigt. In erster Linie betroffen ist die Beute von Walen, wie die Fische und das Plankton. Auch die Walarten, die hauptsächlich in den Polargebieten beheimatet sind, sind gefährdet. Dazu gehört z. B. der Grönlandwal, der ausschließlich in den Gewässern der Arktis vorkommt.

Bedroht sind auch wandernde Walarten, die gewisse Bedingungen an Start und Endpunkt der Wanderung brauchen, wie eine bestimmte Temperatur für ihren Nachwuchs.
Suchen Sie ein Bild des Nordpols mit Eisbergen im Internet und drucken dieses aus.
Lassen Sie die Kinder vorab aus Zeitschriften Fortbewegungsarten, sprich Fahrzeuge ausschneiden. Gleichzeitig können die Kinder auch Menschen, die mit dem Fahrrad fahren oder zu Fuß gehen, ausschneiden. Sammeln Sie die Ausschnitte in einem Schälchen.

Geben Sie einige Eiswürfel in eine Schüssel. Kommen Sie mit den Kindern zu einem Sitzkreis zusammen und zeigen das Bild des Nordpols. Die Kinder beschreiben, was sie sehen. Gehen Sie auf die Temperatur ein und erklären Sie, dass es dort so kalt ist, dass das Eis nicht schmilzt. Stellen Sie die Schüssel mit den Eiswürfeln dazu. Was passiert mit diesen Eiswürfeln, wenn es ihnen zu „warm“ wird?

Sie schmelzen und genau das Gleiche passiert am Nordpol, wenn es dort zu warm wird. Rufen Sie den Kindern die vorangegangene Beschäftigung mit der Erderwärmung in Erinnerung

und erzählen, dass auch die Wale davon betroffen sind. Geben Sie folgende Informationen dazu weiter: Es gibt Algen, die im Eis leben. Kleine Krebse mögen diese Algen sehr gerne und fressen diese. Der Bartenwal wiederum mag diese Krebse und frisst sie. Verschwindet das Eis, verschwinden auch die Algen. Dann haben die Krebse nichts mehr zu fressen und verschwinden auch. Wer hat dann auch nichts mehr zu essen? Dann haben die Bartenwale nichts mehr zu fressen.
Doch wir können den Walen helfen. Holen Sie die Bilder, die die Kinder ausgeschnitten haben, hinzu. Überlegen Sie gemeinsam, welche Arten der Fortbewegung gut sind und welche schlecht, weil durch diese die Erde immer wärmer wird.
Legen Sie das Plakat in die Mitte und teilen es in zwei Spalten. Kleben Sie in jede Spalte eine Malvorlage des Blauwals und streichen ihn auf einer Seite durch. Es werden jetzt die Bilder den jeweiligen Spalten zugeordnet. Gut für die Wale (klimafreundlich) und schlecht für die Wale (nicht klimafreundlich).
Ziehen Sie mit den Kindern ein Fazit: Es ist gut für den Wal, wenn man Wege klimafreundlich zurücklegt. Das heißt, wenn man statt mit dem Auto zu Fuß geht oder mit dem Fahrrad fährt.

Erweiterung

Hängen Sie ein großes Plakat mit dem Bild eines Wales im Zimmer auf. Schneiden Sie mit den Kindern viele Fußabdrücke zu. Geben Sie diese in ein Schälchen. Machen Sie ein bis zwei Mal in der Woche eine Fragerunde, ob jemand einen Weg klimafreundlich zurückgelegt hat, den er normalerweise mit dem Auto gefahren wäre. Beispiele sind, wenn ein Kind den Weg z. B. zum Kindergarten, zum Sport, zur Musikschule oder zum Freundebesuchen nicht mit dem Auto, sondern zu Fuß/ mit dem Fahrrad gemacht hat. Das jeweilige Kind nimmt sich dann einen Fußabdruck und klebt diesen zum Wal.

37 Walparty

PROJEKTABSCHLUSS

ALTER ab 3 Jahren

ZIELE Geschicklichkeit, Gemeinschaftsgefühl

MATERIAL Schnur/Wolle, vier Bleistifte, Malvorlagen aus dem Heft, Farbstifte, blauer Tonkarton, Schere, Kleber, Luftballon, Gymnastikreifen, Stühle, Musik, Kopiervorlage „Einladung zur Walparty“, Kopiervorlage „Urkunde“

Eine Walparty zum Abschluss des Projektes begeistert alle Kinder. Laden Sie die Eltern dazu ein – nicht nur für einen Einblick in die Kindergartenarbeit, sondern um auch ihnen zu vermitteln, dass es sich lohnt, an die Wale zu denken.

Kleidung

Bitten Sie alle Kinder, an diesem Tag ein blaues Shirt anzuziehen. Als Kopfschmuck gestalten sie ein Stirnband aus blauem Tonkarton und die Kinder suchen sich aus den Malvorlagen einen Wal oder den Delfin aus. Nach dem Bemalen und Ausschneiden wird dieser auf das Stirnband geklebt.

Essen

Hier kommen die Bananendelfine oder die Walkekse aus diesem Heft zum Einsatz.

Dekoration

Die Kinder schneiden aus blauem Krepppapier Streifen. Diese können von der Decke hängen und so eine Unterwasserwelt darstellen.

Spiele

Sehr viele bekannte Partyspiele lassen sich umwandeln, damit sie zur Walparty passen. Hier einige Beispiele:

1. Der schnellste Wal im Meer
Die vier Malvorlagen der Wale werden je an eine 5 Meter lange Schnur gebunden. Die Schnur ist an einem Bleistift befestigt. Vier Kinder stellen sich nebeneinander auf und die Schnur wird ausgelegt. Auf ein Startkommando wickeln alle die Schnur auf den Bleistift. Wer als Erster fertig ist, ist der schnellste Wal.

2. Delfinrennen
Immer zwei Kinder gehen zusammen und sind Delfine, die einen Ball gemeinsam tragen. Sie müssen einen Luftballon zwischen sich klemmen. Erst am Bauch, Kopf und auch mal zwischen ihre Rücken. Wer schafft eine Strecke, ohne dass der Luftballon zu Boden fällt?

3. Auf großer Reise
Alle Wale schwimmen durchs Meer, doch immer, wenn die Musik stoppt, müssen sie sich ausruhen. Für jedes/n Kind/Erwachsenen einen Reifen im Raum verteilen und Musik anschalten. Stoppt die Musik, muss jedes/r Kind/Erwachsene sich in einen Reifen setzen. Es wird immer ein Reifen entfernt, wenn jemand ausscheidet.

4. Schiff, Luft, Hindernis
Bei diesem Spiel schwimmen alle zur Musik durchs Meer. Stoppt die Musik, wird Schiff, Luft oder Hindernis angesagt. Bei „Schiff" müssen alle abtauchen und sich flach auf den Boden legen. Bei „Luft" müssen alle auftauchen und sich dazu auf etwas stellen, z. B. Stühle oder eine Turnbank. Bei „Hindernis" müssen alle einem Hindernis ausweichen und in eine Ecke laufen. Auch dieses Spiel kann als Ausscheidungsspiel gespielt werden.

Zum Schluss können Sie allen eine Teilnehmerurkunde austeilen. Diese bestätigt den Kindern, dass sie am Projekt „Giganten der Meere" teilgenommen haben.

Malvorlage Delfin

Malvorlage Blauwal

Malvorlage Pottwal

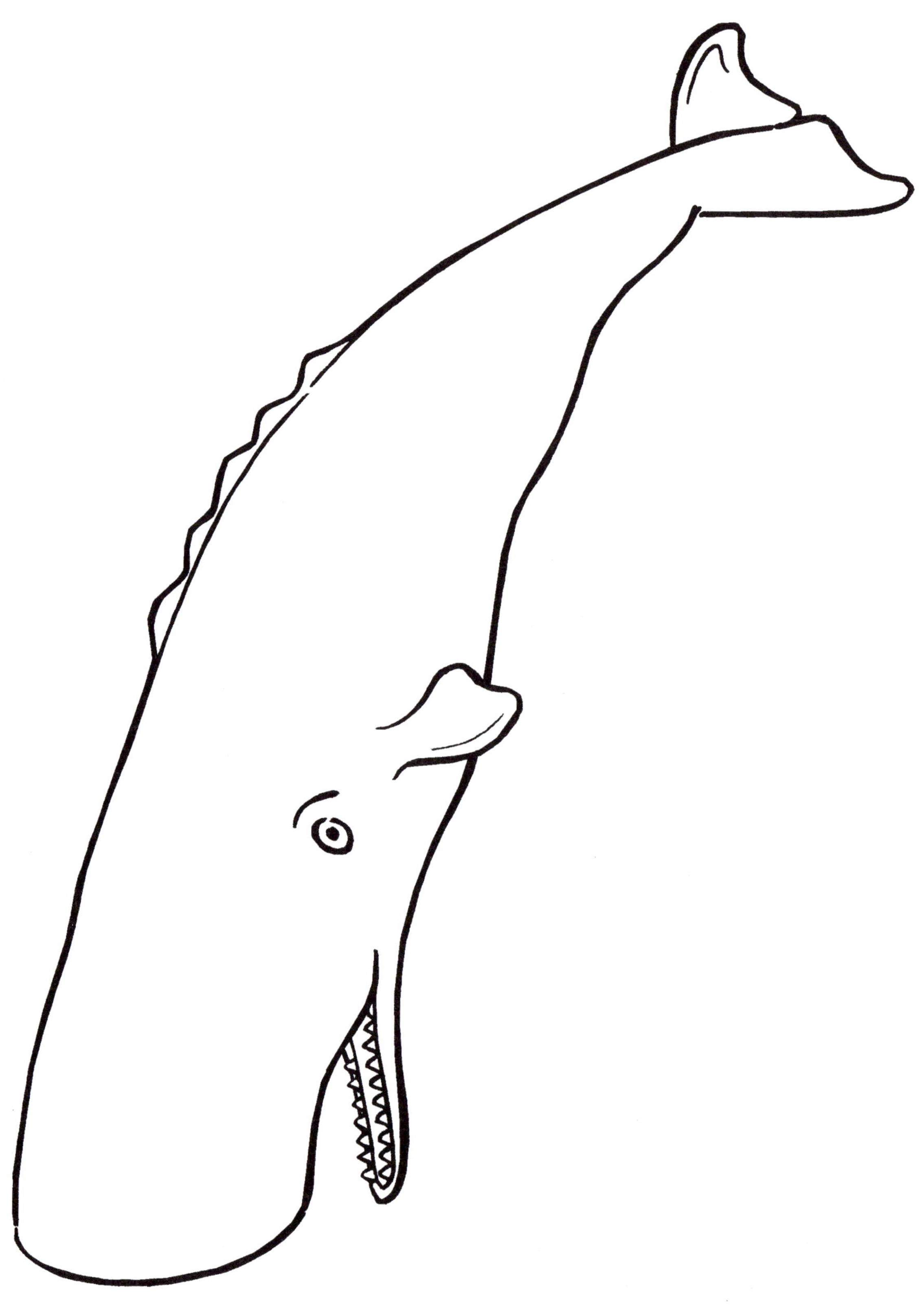

Malvorlage Schwertwal

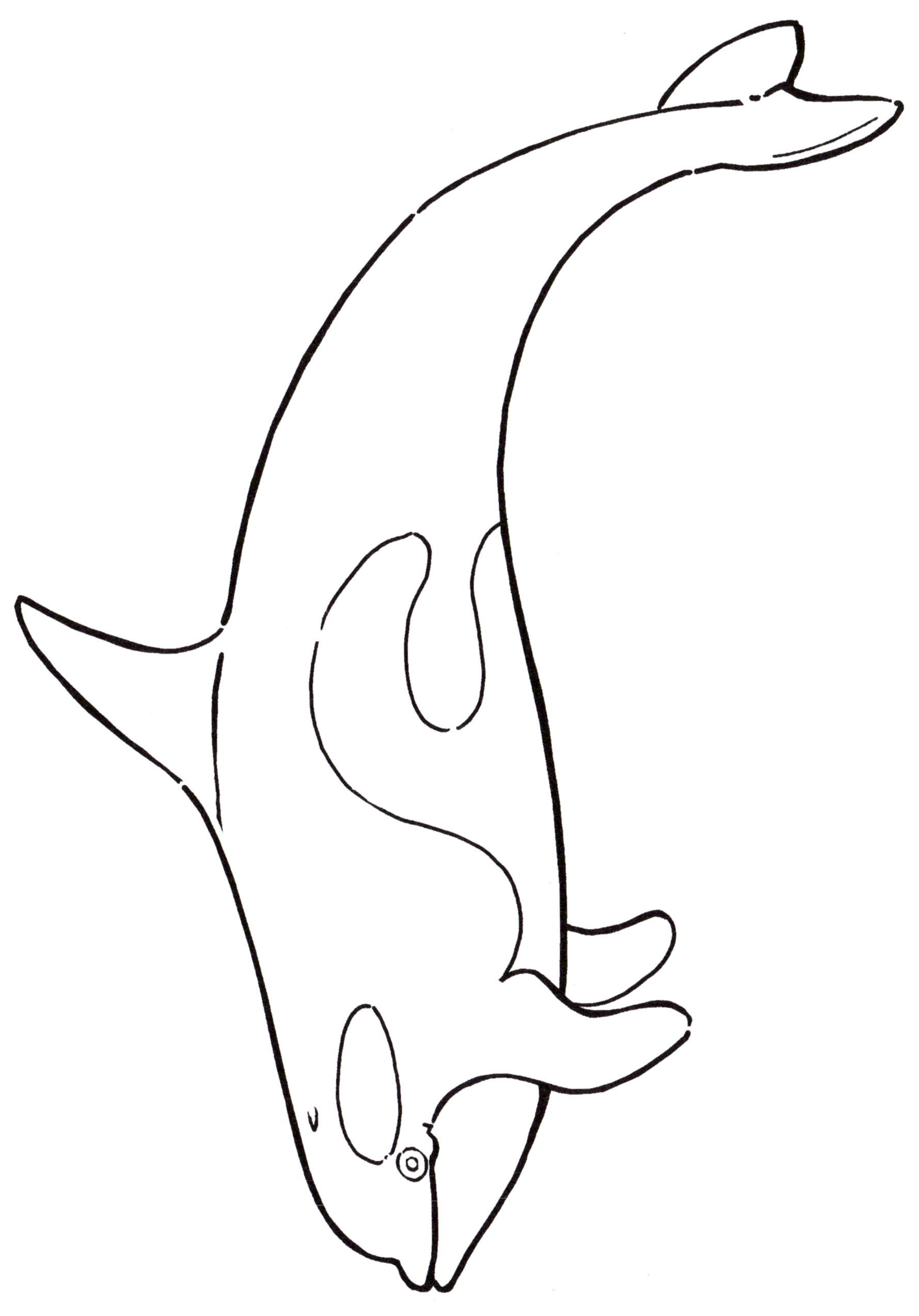

Bastelvorlage Schwertwal

Fangbecher

Fußabdruck

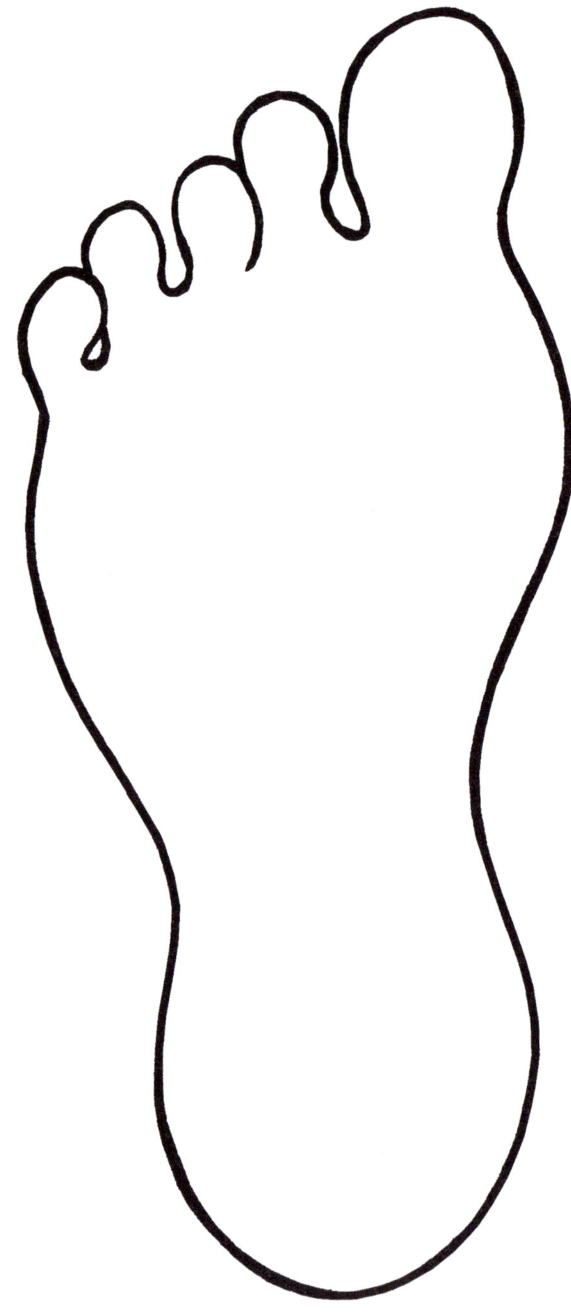

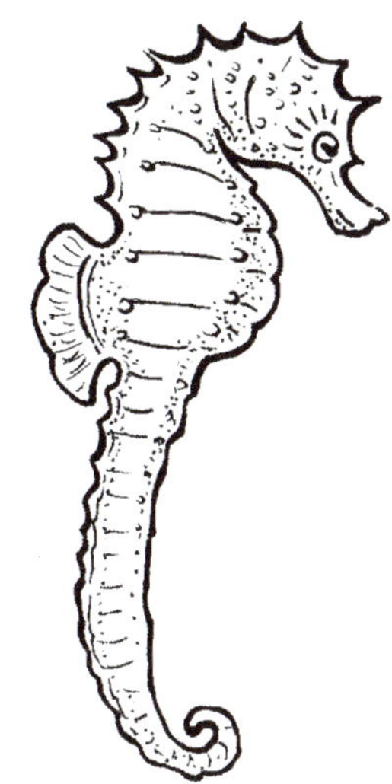

Einladung zur Walparty

Liebe Familie ....!

Ihr seid herzlich zur Walparty

am .... um .... Uhr

eingeladen.

Die Rückanwort bitte bis zum .... abgeben.

Familie ....

nimmt mit .... Personen an der Walparty teil.

....

Datum Unterschrift

Urkunde

....

NAME

hat am Projekt GIGANTEN DER MEERE
teilgenommen

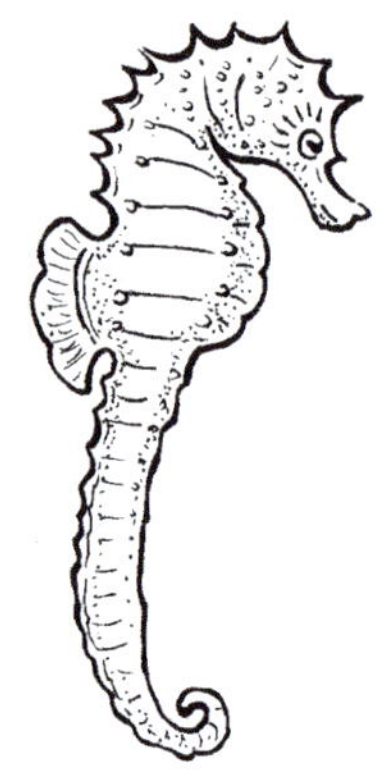

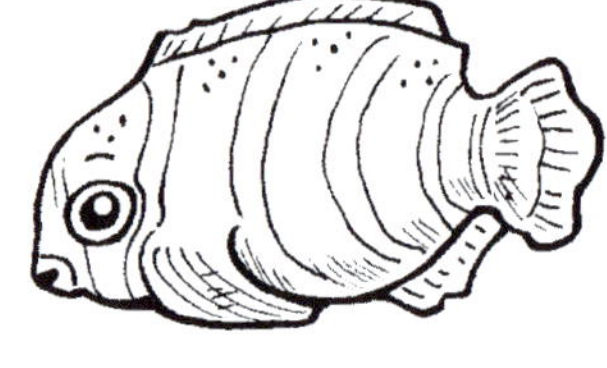